PRIX 2.25

BIBLIOTHÈQUE ROSE ILLUSTRÉE

CONTES
DE L'ENFANCE

CHOISIS

DE MISS EDGEWORTH

ET TRADUITS

PAR ARMAND LE FRANÇOIS

AVEC 26 GRAVURES

PARIS
LIBRAIRIE HACHETTE ET Cie
79, BOULEVARD SAINT-GERMAIN, 79

PRIX : 2 FRANCS 25

20269. — Imprimerie A. Lahure, rue de Fleurus, 9, à Paris.

CONTES
DE L'ENFANCE

OUVRAGES DU MÊME AUTEUR

PUBLIÉS DANS LA BIBLIOTHÈQUE ROSE ILLUSTRÉE

PAR LA LIBRAIRIE HACHETTE ET Cie

Contes de l'Adolescence, traduits par A. LE FRANÇOIS. 1 vol. illustré de 42 vignettes par Ed. MORIN.

Demain et Mourad le Malheureux, contes traduits par H. JOUSSELIN. 1 vol. illustré de 38 vignettes par BERTALL.

Prix de chaque volume, broché......................... 2 fr. 25
Relié en percaline rouge, tranches dorées.............. 3 fr. 50

Coulommiers. — Imp. P. BRODARD

CONTES
DE L'ENFANCE

CHOISIS

DE MISS EDGEWORTH

ET TRADUITS

PAR ARMAND LE FRANÇOIS

NOUVELLE ÉDITION

Illustrée de 27 gravures dessinées sur bois

PAR FOULQUIER

PARIS
LIBRAIRIE HACHETTE ET Cie
79, BOULEVARD SAINT-GERMAIN, 79

1891

Droits de traduction et de reproduction réservés.

LE PIGEON BLANC

Moi, un querelleur ! (Page 5.)

LE PIGEON BLANC.

Depuis quelques années, le petit bourg de Somerville, en Irlande, avait pris la physionomie riante d'un village anglais. Le propriétaire, M. Somerville voulant inspirer à ses tenanciers l'amour de l'ordre et du foyer domestique, cherchait par tous les moyens en son pouvoir, à encourager les gens industrieux et rangés à s'établir sur ses terres. Il fit construire une rangée de jolies maisons recouvertes en ardoises. Puis il déclara son intention de les louer aux meilleurs fermiers qu'il pourrait trouver. L'avis en fut aussitôt publié dans toute la contrée. Mais M. Somerville, en demandant les meilleurs fermiers, n'entendait pas les plus forts enchérisseurs, et plusieurs de ceux qui avaient offert le prix le plus élevé furent tout surpris de voir leurs propositions rejetées. Parmi les gens ainsi évincés, il y avait un certain M. Cox, cabaretier de profession, qui ne jouissait pas d'une très-bonne réputation.

« N'en déplaise à votre honneur, dit-il à M. Somerville, je m'attendais, puisque j'ai offert un prix beaucoup plus élevé que tout autre, à ce que vous me loueriez la maison contiguë à celle de l'apothicaire. Ne vous en ai-je pas offert quinze guinées, et votre honneur ne l'a-t-elle pas donnée à un autre pour treize?

— Mon honneur a fait cela, répondit M. Somerville d'un ton calme.

— Et, n'en déplaise à votre honneur, je ne sais ce que j'ai fait pour vous offenser. Il n'y a pas dans toute l'Irlande un homme que je servirais avec plus d'empressement. Voyons, voulez vous que je vienne à Cork demain chercher votre dernier mot ?

— Je vous remercie, monsieur Cox, mais je n'ai point affaire à Cork pour le moment, répondit M. Somerville d'un ton sec.

— Eh bien! s'écria M. Cox, je ne demande plus rien qu'à connaître celui qui m'a calomnié auprès de votre honneur.

— Personne ne vous a calomnié, monsieur Cox; mais votre nez vous accuse d'aimer un peu trop à boire, vos yeux noirs et votre menton écorché ne vous calomnient pas trop, en montrant que vous aimez les querelles.

— Les querelles! moi un querelleur! Ah! n'en déplaise à votre honneur, je défie tous les habitants du pays, à dix milles à la ronde, de soutenir cela, et je suis prêt à me battre avec le premier qui osera dire que je suis un querelleur..... ici même, en votre présence, à l'instant. »

Et M. Cox se mit dans l'attitude d'un homme disposé à soutenir son dire avec ses poings. Son geste menaçant fit sourire M. Somerville, et les gens qui s'étaient arrêtés dans la rue pour le considérer un moment témoignaient par leur hilarité de leurs intentions pacifiques. Alors il changea de contenance et chercha à se justifier de l'accusation d'aimer à boire.

« Quant à boire, n'en déplaise à votre honneur il n'y a rien de vrai. Mes lèvres n'ont pas touché une goutte de whisky, bon ou mauvais, depuis six mois, si ce n'est avec Jemmy M'Doole, le soir où j'eus le malheur de vous rencontrer comme vous veniez de la foire de Ballinagrish. »

M. Somerville ne répondit pas. Il se retourna pour regarder les fenêtres d'une belle auberge neuve où le vitrier était occupé à mettre des vitres.

« Cette auberge n'est pas encore louée, me dit-on, reprit alors M. Cox. Rappelez-vous que vous me l'avez promise l'année dernière.

— Cela n'est pas possible, car je ne songeais pas à bâtir une auberge à cette époque.

— Oh ! je vous demande bien pardon ; mais vous ne voulez pas vous en souvenir. Vous m'avez fait cette promesse en passant près du marais et en présence de Thady O'Conner..... Vous pouvez le lui demander.

— Je ne le lui demanderai pas, assurément, s'écria M. Somerville. Je ne vous ai point fait une telle promesse, et je n'ai jamais songé à bâtir une auberge pour vous.

— Ainsi votre honneur ne veut pas me la louer ?

— Non. Vous m'avez fait une douzaine de mensonges ; je ne veux pas vous avoir pour fermier.

— C'est bien. Dieu vous bénisse ! Je n'ai rien à dire. » Et M. Cox s'en alla, rabattant son chapeau sur ses yeux et murmurant : « J'espère vivre assez pour me venger. »

Le lendemain matin, M. Somerville vint avec sa famille pour visiter l'auberge neuve, qu'il s'attendait à voir entièrement terminée. Mais il rencontra le charpentier, qui lui raconta d'un air piteux que six carreaux de vitre avaient été cassés la nuit dernière.

« Ah! c'est peut-être M. Cox qui a cassé mes vitres pour se venger de mon refus, » dit M. Somerville. Et plusieurs voisins qui connaissaient la méchanceté de ce M. Cox furent aussi d'avis que ce pouvait bien être un de ses tours.

Un petit garçon d'environ douze ans s'approcha d'un air empressé et dit :

« Je n'aime pas beaucoup M. Cox, car il me bat quand il est ivre; mais ce n'est pas une raison pour le laisser accuser à faux. Il ne peut pas avoir cassé les vitres de cette fenêtre la nuit dernière, car il était à près de six milles d'ici. Il a couché chez son cousin, et n'est pas encore rentré chez lui. C'est pourquoi je suis certain qu'il ne sait rien de tout cela. »

L'honnête simplicité de cet enfant charma M. Somerville. Quand on ouvrit la porte de la maison, il s'aperçut que le petit garçon regardait avec curiosité dans l'intérieur, et il lui demanda s'il voulait entrer voir la maison neuve.

« Oui, monsieur, dit l'enfant, je voudrais bien monter ces escaliers et voir là dedans.

— Viens donc en haut avec nous, » dit M. Somerville.

Le petit garçon se mit à gravir en sautant les escaliers. Il courait d'une chambre à l'autre en poussant des exclamations de joie et d'étonnement.

Enfin, comme il examinait un des greniers, il entendit un frémissement au-dessus de sa tête. La peur le saisit et il fit un bond en arrière. Puis, levant les yeux au plancher, il aperçut un pigeon blanc qui voltigeait tout autour de la pièce. L'oiseau, tout effaré à la vue de l'enfant, cherchait à s'enfuir, et réussit à s'envoler par la porte de l'escalier.

Le charpentier causait avec M. Somerville sur le palier. En apercevant le pigeon blanc, il s'arrêta tout court au beau milieu de son discours et s'écria :

« Voici, pour le coup, monsieur, le coupable qui a cassé les vitres la nuit passée..... C'est bien le même pigeon maudit qui a cassé les vitres de l'église dimanche dernier... Mais le voilà par terre; je vais le prendre et lui couper le cou à l'instant comme il le mérite.

— Arrêtez! oh! arrêtez! ne lui coupez pas le cou; il ne le mérite pas, s'écria le petit garçon, qui descendit en courant du grenier.... C'est moi qui ai cassé vos vitres, monsieur, dit-il à M. Somerville.... Je les ai cassés avec cette balle; mais je ne savais pas encore tout à l'heure que c'était moi, je vous assure, car je vous l'aurais avoué tout d'abord.... Ne lui coupez pas le cou, je vous en prie, ajouta-t-il en se tournant vers le charpentier, qui tenait en ce moment le pigeon blanc dans ses mains.

— Non, dit M. Somerville, on ne coupera pas la tête du pigeon, ni la tienne, mon bon petit garçon, pour avoir cassé les vitres. Je suis convaincu rien qu'à voir ta figure ouverte et honnête, que tu m'as dit la vérité. Mais cependant explique-nous cela; car tu n'as pas éclairci l'affaire. Comment as-tu cassé mes vitres sans le savoir? Comment es-tu arrivé à le découvrir?

— Monsieur, dit le petit garçon, si vous voulez monter avec moi, je vous montrerai tout ce que je sais et comment je l'ai appris. »

M. Somerville le suivit dans le grenier. L'enfant se dirigea vers un carreau de vitre brisé, qui appartenait à une petite fenêtre donnant sur une vaste pièce de terre située devant la maison. C'était là que les enfants du village avaient l'habitude de jouer.

« C'est là que nous étions à jouer à la balle, hier soir, continua le petit garçon en s'adressant à M. Somerville. Un de mes camarades me défia d'atteindre une marque sur le mur, ce que je fis aussitôt; mais il prétendit que je n'avais pas touché le but et voulut me prendre ma balle comme dédit. Je refusai, et, lorsque je commençai à lutter avec lui à cause de cela, je lançai ma balle et crus l'avoir jetée par-dessus la maison. Il courut la chercher dans la rue et ne put la trouver. J'en fus très-content : mais j'ai tout à l'heure été bien chagrin de la trouver sur ce tas de copeaux, au bas de la fenêtre brisée; car en la trouvant ici j'ai tout de suite reconnu que c'était moi qui avais cassé les vitres. C'est par là aussi que le pigeon a dû entrer, et voici encore une de ses plumes blanches qui se trouve attachée à l'ouverture.

— Oui, dit le charpentier, et au bas des fenêtres il y a encore beaucoup de ses plumes. Je viens d'y regarder. C'est donc bien certainement le pigeon qui a cassé les carreaux de vitre.

— Mais il ne serait pas entré dans la maison si je n'avais pas cassé cette petite fenêtre, reprit avec chaleur le jeune garçon; d'ailleurs je suis capable de gagner douze sous par jour, et je payerai tout le dégât. Le pigeon blanc appartient à une vieille femme de notre voisinage, qui l'affectionne beaucoup, et je ne voudrais pas voir tuer cette pauvre bête pour deux fois son pesant d'argent.

— Prends le pigeon, mon brave, mon généreux garçon, dit M. Somerville, et va le porter à ta voisine. Je pardonne tout le dégât qu'il m'a fait, par considération pour toi, dis-le à ta vieille amie.

Quant au reste, nous réparerons le dommage, et tu garderas tous les douze sous que tu peux gagner.

— C'est ce qu'il n'a encore jamais fait, dit le charpentier. Il gagne, en effet, douze sous par jour, mais il n'en est jamais entré un seul dans sa poche. Il donne tout à ses pauvres parents. Ils sont bien heureux d'avoir un tel fils!

— Je suis encore plus heureux d'avoir un tel père et une telle mère, s'écria l'enfant. Dans leurs bons jours, ils n'épargnaient pour moi ni soins ni argent, et maintenant encore si je les laissais faire, ils payeraient mon école, malgré la détresse où ils sont tombés. Mais il faut que je songe à gagner la boutique. Bonjour, monsieur, je vous remercie de votre bonté, ajouta-t-il en quittant M. Somerville.

— Et où demeure cet enfant? quels sont ses parents? Ils n'habitent pas dans le bourg, je n'ai jamais entendu parler d'eux.

— Ils ne font que d'arriver ici, répondit le charpentier; ils résidaient auparavant sur les terres du conseiller O'Donnel; mais ils se sont ruinés en prenant un bail de moitié avec un homme qui fit bientôt de mauvaises connaissances, perdit tout ce qu'il avait et ne put payer le propriétaire. Ces braves gens furent obligés de payer leur part du bail et la sienne, ce qui les ruina complétement.

Ils quittèrent la ferme, et vendirent leurs bestiaux et leur fourrage. Avec l'argent qu'ils ont retiré, ils ont monté une petite boutique dans le bourg. Ils ont l'estime de tous ceux qui les connaissent, et j'espère bien qu'ils réussiront. Le petit garçon leur est très-utile dans la boutique, et, quoi qu'il en dise, il gagne plus de douze sous par jour. Il a une belle écriture, et pour son âge il est très-prompt à dresser les comptes. Je crois qu'il fera son chemin, car il ne fréquente pas de mauvaise compagnie : je le connais depuis le temps où il n'était encore qu'un marmot, et je ne l'ai jamais entendu dire un mensonge.

— Vous me faites en vérité un charmant portrait de ce jeune garçon, et sa conduite de ce matin me porte à croire qu'il mérite vos éloges.

M Somerville résolut de prendre de plus amples informations sur cette pauvre famille, et de surveiller lui-même leur conduite, bien déterminé à leur venir en aide s'ils se trouvaient tels qu'on les lui avait représentés.

Cependant le petit garçon, qui s'appelait Brian O'Neill, retourna porter le pigeon blanc à sa maîtresse.

« Tu lui as sauvé la vie, dit la femme à qui appartenait le pigeon, je t'en fais cadeau, mon enfant. »

Brian la remercia, et de ce jour il s'attacha de

plus en plus à son pigeon. Il avait toujours soin de répandre pour lui du grain dans la cour de son père, et le pigeon devint bientôt si familier qu'il allait et venait, sautillant dans la cuisine, et qu'il finit même par manger dans le plat du chien.

Brian, le soir, après la fermeture de la boutique, s'amusait à lire de petits livres que le maître d'école, qui lui avait appris l'arithmétique, avait la bonté de lui prêter. Il y en avait un qui était plein d'histoires d'animaux. Brian chercha s'il ne trouverait pas celle du pigeon parmi les oiseaux, et, à son grand plaisir, il y vit tout au long la description et l'histoire de son oiseau favori.

« Il paraît, mon enfant, que les leçons de l'école n'ont pas été perdues pour toi, lui dit son père. Tu aimes la lecture, et je vois que tu n'as pas besoin d'avoir ton maître auprès de toi pour te forcer à lire dans les livres.

— Je vous remercie de m'avoir fait apprendre à lire, mon père, répondit Brian. Je viens de faire une grande découverte. Dans ce petit livre, si petit, j'ai trouvé le plus curieux moyen de faire fortune, et j'espère bien que vous en profiterez. Si vous voulez vous asseoir un moment, je vais vous raconter cela. »

M. O'Neill, pour complaire à son fils plutôt que

dans l'espoir de faire sa fortune, s'assit auprès de l'enfant et l'écouta. Son fils lui raconta qu'il avait trouvé dans son livre l'histoire de pigeons qui étaient dressés à porter des messages et des lettres.

« Eh bien ! mon père, ajouta-t-il, mon pigeon est justement de cette espèce, et j'ai l'intention de lui faire porter des messages. Pourquoi pas? si d'autres pigeons l'ont fait avant lui, il est aussi facile de lui enseigner cela qu'aux autres, et je commencerai dès demain matin. Vous savez qu'il y a des gens qui payeraient souvent de fortes sommes pour envoyer des messagers ; et certes, il n'y a pas de petit garçon pour courir, de cheval pour galoper aussi vite qu'un oiseau peut fendre l'air. C'est pourquoi je pense que c'est le meilleur messager et celui qui sera payé au plus haut prix. Qu'en dites-vous, mon père?

— Assurément, mon cher, assurément, répondit le père en riant. Je désire que tu fasses de ton pigeon le meilleur messager de toute l'Irlande. Tout ce que je demande, c'est que tu ne négliges pas la boutique pour ton pigeon ; car j'ai l'idée qu'au moyen du commerce nous avons plus de chance de faire notre fortune qu'avec le pigeon blanc. »

Brian suivit les conseils de son père ; mais à ses heures de loisir il s'amusait à dresser son pigeon.

Brian, à ses heures de loisir, s'amusait à dresser son pigeon. (Page 14.)

A force de patience, il réussit enfin si bien, qu'un jour il offrit à son père de lui envoyer un mot par son pigeon pour lui faire connaître le prix des bœufs sur le marché de Ballinagrish, où il allait.

« Le pigeon sera rendu longtemps avant moi ; il viendra à la fenêtre de la cuisine et se perchera sur le dressoir. Alors vous détacherez la petite note qui se trouvera sous son aile, et vous aurez immédiatement le prix des bœufs. »

Le pigeon en effet apporta le message, et Brian fut tout joyeux de ce succès. Les voisins, qui s'amusaient beaucoup de la tendresse de Brian pour son pigeon, s'en servirent à leur tour, et bientôt la renommée du pigeon blanc se répandit chez tous ceux qui fréquentaient les marchés et les foires de Somerville.

A l'une de ces foires, une bande de gens sans aveu formèrent le projet de concerter plusieurs vols. Ils étaient réunis au cabaret de M. Cox, que nous avons vu au commencement de cette histoire. Offensé de l'opinion exprimée sur son compte par M. Somerville, qui le considérait comme un ivrogne et un querelleur, et qui avait refusé de lui louer l'auberge neuve, cet homme avait juré de se venger.

Tandis que ces gens parlaient de leurs projets, un d'eux fit observer que leur dernier camarade n'était pas encore arrivé. « Il y a six milles d'ici dit un autre. Un troisième exprima le regret qu'on ne pût le faire prévenir à cette distance. La conversation roula bientôt sur les difficultés qu'on éprouve à envoyer au loin des messages rapides et sûrs. Le fils de Cox, qui était âgé d'environ dix-neuf ans et faisait partie de la bande, parla du pigeon blanc, et l'on décida qu'il fallait se procurer à tout prix un tel messager. En conséquence, le jeune Cox alla trouver Brian O'Neill le jour suivant, et employa d'abord la persuasion, puis les menaces, pour le décider à se défaire de son pigeon. Brian persista dans son refus, surtout quand il vit son interlocuteur le menacer.

« Je l'aurai de gré ou de force, » dit Cox.

Peu de jours après, le pigeon disparut. Brian le chercha vainement. Il demanda à tout le voisinage si on ne l'avait point vu ; il s'adressa même, mais sans succès au jeune Cox. Celui-ci jura qu'il ne savait rien. C'était un mensonge ; car le jeune Cox l'avait volé pendant la nuit et envoyé aussitôt à ses complices, qui se réjouirent de l'avoir en leur possession, croyant pouvoir s'en servir comme d'un messager rapide et discret.

Rien n'a la vue plus bornée que le crime. Les précautions mêmes que ces gens prirent pour cacher leurs desseins tournèrent à leur propre confusion. Ils essayèrent d'instruire le pigeon qu'ils avaient volé à porter pour eux des messages à quelque distance de Somerville. Lorsqu'ils s'imaginèrent qu'il avait oublié ses premières habitudes et son ancien maître, ils crurent pouvoir s'aventurer à l'employer plus près du bourg. Mais le pigeon avait meilleure mémoire qu'ils ne le supposaient. Ils le lâchèrent d'un sac où ils l'avaient enfermé près de Ballinagrish, dans l'espoir qu'il s'arrêterait à la maison du cousin Cox, sur la route de Somerville. Mais, quoique le pigeon eût été à dessein abéqué dans cette maison pendant une semaine depuis son enlèvement, il ne s'y arrêta pas et s'envola du côté de la demeure de son ancien maître, à Somerville. Il alla se percher à la fenêtre de la cuisine, comme on le lui avait appris autrefois. Son maître heureusement, l'entendit, et le pauvre Brian courut plein de joie ouvrir la fenêtre et le fit entrer.

« O mon père! voici mon pigeon blanc qui revient tout seul à la maison, s'écria-t-il; je cours le montrer à ma mère. »

En ce moment le pigeon secoua ses ailes, et Brian aperçut un petit billet sale qu'il détacha et qu'il ouvrit aussitôt. C'était un griffonnage à peine lisible; mais enfin il parvint à déchiffrer ces mots :

« Nous somme uite ici. Je vous envoit les non o bas. Nous seron a dix heur se soir chez mon paire et nous orons tous ce qui faut pour painétré dan la grande maison. M. Somervil couche de ors cette nuit, gardé le pijon jusqu'à demin.

« Toutavou,
« Murtagh Cox. »

A peine eurent-ils terminé la lecture de ce billet que le père et le fils s'écrièrent : « Allons trouver M. Somerville! » Avant de sortir, ils prirent toutefois la précaution de cacher le pigeon, de peur qu'on ne l'aperçût du dehors.

M. Somerville, par suite de cette heureuse découverte, prit les mesures nécessaires pour l'arrestation des huit malfaiteurs qui avaient formé le complot de le voler la nuit suivante. Lorsqu'ils furent tous mis en lieu de sûreté, M. Somerville fit venir Brian O'Neill et son père. Il les remercia du service qu'ils lui avaient rendu; puis mettant dix guinées sur la table, il les poussa vers Brian et lui dit :

« Vous savez sans doute qu'une récompense de dix guinées a été promise, il y a quelques semaines, pour l'arrestation de John Mac Dermod, un des huit scélérats que vous avez fait prendre?

— Non, monsieur, dit Brian. Je ne savais pas cela, et je ne vous ai pas donné ce billet pour gagner dix guinées, mais parce que j'ai cru que cela était juste. Je ne dois pas être payé pour avoir fait mon devoir.

— C'est bien, mon enfant, dit O'Neill.

— Nous vous remercions, mais nous ne prendrons pas cet argent : *je ne veux pas toucher le prix du sang.*

— Je sais, mes bons amis, dit M. Somerville, la différence qu'il y a entre de vils délateurs et d'honnêtes gens comme vous.

— Aussi, monsieur, quoique pauvres nous resterons honnêtes.

— Et bien plus, je crois que vous continuerez à être honnêtes, même si vous étiez riches.... Veux-tu, mon garçon, ajouta M. Somerville après un moment de silence, veux-tu me confier ton pigeon pendant quelques jours?

— Oh! monsieur, dit l'enfant avec un sourire, il est à votre disposition. »

Il apporta le pigeon à M. Somerville quand il fit noir, et personne ne le vit. Peu de jours après, M. Somerville fit mander O'Neill et le pria de venir avec son fils. En passant devant l'auberge neuve, ils trouvèrent le charpentier qui venait de placer une enseigne recouverte d'un morceau de tapisserie.

« Veux-tu monter à l'échelle, dit M. Somerville à Brian, et redresser cette enseigne? car elle est suspendue tout de travers.... Bien, maintenant la voilà droite. Allons, ôte la tapisserie et laisse-nous voir la nouvelle enseigne. »

L'enfant la découvrit et aperçut un pigeon blanc peint sur un fond noir, avec le nom de O'Neill écrit au-dessous en grosses lettres.

« Prends garde de tomber et de te casser le cou dans cette joyeuse circonstance, dit M. Somerville, en voyant que la surprise de Brian était trop forte pour sa situation. Descends de l'échelle et viens féliciter ton père d'être le maître de la nouvelle auberge du Pigeon blanc. Pour moi, je le félicite d'avoir un fils tel que toi. Ceux qui, riches ou pauvres, élèvent bien leurs enfants, seront tôt ou tard recompensés.

L'enfant aperçut un pigeon blanc. (Page 22.)

LE POMMIER

Je viens, misérable, reprendre le poison que tu as dans ta poche. (Page 47.)

LE POMMIER.

Le jeune Hardy était un des meilleurs écoliers de M. Sincère, maître de pension dans un comté d'Angleterre. Honnête, obéissant, attentif et d'un excellent naturel, il possédait l'estime et l'affection de ses maîtres et de ses condisciples. Les bons sujets recherchaient son amitié, et il se souciait fort peu d'être aimé des méchants. Les railleries et les sarcasmes des paresseux et des mauvais écoliers ne l'embarrassaient en rien et ne le touchaient même pas. Son ami Loveit, au contraire, visait aux suffrages de tout le monde. Son ambition était de passer pour le meilleur enfant de la pension. On l'appelait ordinairement le *pauvre Loveit*, et chacun le plaignait, lorsqu'il était en faute, ce qui lui arrivait assez souvent. Quoiqu'il fût naturellement disposé au bien, il se laissait entraîner au mal, parce qu'il n'avait pas le courage de dire non. Il craignait de désobliger les méchants et ne pouvait supporter les railleries des sots.

Un beau soir d'automne, les élèves obtinrent la permission d'aller jouer sur une verte pelouse, dans le voisinage de l'école. Loveit et un de ses camarades, nommé Tarlton, entreprirent une partie de volant. On fit cercle autour d'eux : c'étaient les plus forts de l'école, et ils faisaient assaut d'habileté. Quand on eut compté jusqu'à trois cent vingt, la partie devint très-intéressante. Les joueurs étaient si fatigués qu'ils avaient peine à tenir la raquette. Le volant commençait à vaciller dans l'air. Tantôt il touchait presque la terre, tantôt il passait par-dessus leur tête, au grand étonnement des spectateurs. Les coups devenaient de plus en plus faibles. « A toi Loveit! à toi,

Tarlton ! » criait-on de tous côtés. La victoire fut encore quelques minutes indécise ; mais enfin le soleil couchant, qui donnait en plein dans le visage de Loveit, lui causa un éblouissement qui l'empêcha de voir le volant tomber à ses pieds.

Après les premières acclamations qui saluèrent le triomphe de Tarlton, chacun s'écria : « Pauvre Loveit ! c'est bien le meilleur enfant du monde ! Quel dommage qu'il n'ait pas tourné le dos au soleil ! »

— Maintenant, je vous défie tous de faire une partie avec moi, » s'écria Tarlton dans son orgueil. Et, en disant ces mots, il poussa le volant avec tant de force, qu'il le fit passer par-dessus la haie et tomber dans un chemin creux qui se trouvait derrière le champ. « Ah ! dit-il, qu'allons-nous faire à présent ? »

Il était expressément défendu aux élèves d'aller dans le chemin. Ils avaient promis de ne point enfreindre ce commandement, et à cette condition on leur avait permis d'aller jouer dans le champ.

Ils n'avaient pas d'autre volant et la partie se trouvait interrompue. Ils montèrent sur le talus du fossé afin de regarder par-dessus la haie.

« Je le vois là, dit Tarlton. Qui veut aller le chercher ? Il n'y a qu'à franchir la barrière qui est au bout du pré. C'est l'affaire d'une demi-minute, ajouta-t-il en regardant Loveit.

— Mais.... tu sais bien qu'il est défendu d'aller dans le champ, fit Loveit, non sans hésitation.

— Bast! reprit Tarlton. Quel mal y aurait-il à cela?

— Je ne sais pas, répondit Loveit en battant la mesure sur sa raquette; mais....

— Mais quoi? puisque tu ne sais pas, pourquoi as-tu peur? je te le demande. »

Loveit rougit, continua de battre sur sa raquette et balbutia : « Je ne sais pas, moi! » Mais Tarlton répéta d'un ton plus insolent :

« De quoi as-tu peur, voyons?

— De rien....

— Si fait, tu as peur, dit, en s'avançant dans le cercle, Hardy qui se tenait à l'écart.

— Et de quoi? reprit Loveit.

— De mal faire.

— Peur de mal faire? répéta Tarlton en imitant si bien le ton de Hardy que chacun se mit à rire. Dis plutôt qu'il a peur du fouet.

— Non, il n'a pas plus peur du fouet que toi, Tarlton; mais je voulais dire....

— Que nous importe ce que tu voulais dire! Pourquoi viens tu te mêler de nos affaires avec ta sagesse et tes grands mots? Personne ne t'a prié de te déranger pour nous. Mais nous nous adressons à Loveit parce que c'est un bon enfant.

— C'est justement pour cela que tu ne devrais

pas le faire, car tu sais bien qu'il est incapable de rien refuser.

— Ah ! dit Loveit d'un ton piqué, tu te trompes, je refuserais bien si je voulais. »

Hardy sourit. Loveit, craignant le blâme de l'un et les plaisanteries de l'autre, n'osait lever les yeux. Il eut encore une fois recours à sa raquette qu'il balançait avec art sur son pouce.

« Voyez donc, voyez donc, s'écria Tarlton, avez-vous jamais vu dans votre vie un garçon si stupide ? Hardy le tient sous sa férule. Il a si grand' peur de maître Freluquet que, pour le salut de son âme, il n'ôterait pas les yeux de dessus son nez. Regardez donc comme il louche !

— Je ne louche point. Personne ne me tient sous sa férule, et, lorsque Hardy veut m'éviter une punition, il me prouve qu'il est mon meilleur ami. »

Loveit mit tant de feu dans sa réponse que tous les écoliers en furent surpris.

« Allons, retirons-nous, » dit Hardy en lui frappant sur l'épaule amicalement ; et il l'emmenait lorsque Tarlton lui cria : « C'est bien ! va avec ton meilleur ami, et prends garde qu'il ne te fasse faire quelque sottise. Que Dieu te garde, petite panade.

— Qui est-ce qui m'a appelé petite panade ?

— Ne fais pas attention, dit Hardy, cela ne signifie rien.

— Je sais bien que cela ne signifie rien, répondit Loveit ; mais je ne veux pas permettre qu'on me donne un pareil sobriquet ; d'ailleurs, ajouta-t-il après avoir fait quelques pas en arrière, ils croiraient que j'ai un mauvais caractère. J'aime mieux retourner et leur porter la raquette, que je ne veux pas garder avec moi.

— Tu as tort, répliqua Hardy. Si tu retournes près d'eux, tu ne reviendras plus.

— Je te garantis que je serai de retour en moins d'une minute. » Et il se dirigea vers les écoliers pour leur prouver qu'il n'était pas une petite panade.

Une fois retourné sur ses pas, le reste alla tout seul. Pour ne pas perdre sa réputation de meilleur garçon de la pension, il fut obligé de satisfaire à toutes les exigences de ses camarades. Il commença bien par leur reprocher leurs mauvais procédés, mais ensuite il se laissa prendre à leurs protestations, et ne tarda pas à être persuadé qu'il pouvait sans mal faire aller chercher le volant. Enfin il monta sur le talus et sauta lestement par-dessus la haie, aux acclamations réitérées des écoliers.

« Me voici, dit-il en revenant après quelques minutes, j'ai retrouvé le volant et je vais vous dire ce que j'ai vu.

— Quoi donc ? fit la bande curieuse.

— Lorsque je suis arrivé à l'extrémité du sentier....

— Voyons, dépêche-toi, qu'as-tu vu? dit Tarlton impatienté.

— Attends donc un moment que je prenne haleine.

— Tu n'en as pas besoin. Allons, voyons, nous écoutons.

— Lorsque je suis arrivé à l'extrémité du sentier, comme je cherchais le volant, j'ai vu un grand jardin, et, dans un endroit qui fait face au chemin, un enfant à peu pres aussi grand que Tarlton, monté sur un arbre et qui en secouait les branches; et à chaque coup, il faisait tomber une quantité considérable de pommes rouges qui m'ont fait grande envie. J'en ai demandé une au garçon que j'apercevais; mais il m'a répondu qu'il ne pouvait pas m'en donner, parce qu'elles appartenaient à son grand-père; et à l'instant même, j'ai vu derrière un groseillier un vieillard, le grand-père sans doute, mettre la tête à la fenêtre et jeter de mon côté des regards menaçants. Je l'ai entendu brailler après moi tout le long du chemin.

— Laissons-le brailler. Il ne criera pas pour rien, je le jure, dit Tarlton; pour ma part, je suis résolu à remplir mes poches de ses pommes rouges avant d'aller me coucher. »

A ces mots, chacun resta silencieux, regardant Tarlton avec anxiété. Loveit seul comprenait déjà qu'il irait plus loin qu'il ne le désirait, et il se dit en lui-même : « J'ai réellement bien mal fait de ne pas suivre le conseil de Hardy. »

Profitant de la confusion produite par ses premières paroles, Tarlton ajouta : « Il ne faut pas qu'il y ait d'espions parmi nous ; si quelqu'un craint d'être puni, qu'il décampe à l'instant. »

Loveit rougit et se mordit les lèvres. Il voulait s'en aller, mais il n'avait pas le courage de donner l'exemple. Il attendait donc que quelqu'un de ses camarades partît pour s'en aller avec lui ; mais personne n'ayant osé bouger, le pauvre Loveit resta.

« C'est bien, murmura Tarlton, prenant la main de chacun des assistants. Vous jurez sur votre honneur que vous viendrez avec moi. Aidez-moi, je vous aiderai. »

Chacun tendit sa main et fit la promesse exigée. Loveit fut le dernier ; il faisait semblant de s'occuper des boutons de son habit lorsque Tarlton lui frappa sur l'épaule et lui dit :

« Eh bien ! Loveit, voyons, fais le serment.

— C'est que je désirerais ne pas faire partie de cette expédition.

— Comment !

— Non. Je crois que ce n'est pas bien. Et

puis, il n'y a peut-être plus de pommes sous l'arbre.

— Que dis-tu là?.... Et puis, quand même, tu ne peux pas reculer maintenant. Tu savais bien ce que tu faisais quand tu as franchi la haie, et surtout quand tu nous a vanté avec tant d'emphase la beauté des pommes que tu as vues. »

Après un moment de silence, Tarlton ajouta :

« Allons! je ne te reconnais plus. Je ne sais pas ce que tu as aujourd'hui; toi, qui es d'ordinaire le meilleur enfant du monde, complaisant, prêt à tout, tu es tout à fait changé. Va, reste de ton côté; mais sache bien qu'à dater d'aujourd'hui nous ne t'aimons plus; n'est-ce pas, mes amis?

— Vous ne m'aimerez plus! s'écria Loveit avec angoisse. Non, non, il ne sera pas dit que je me ferai détester par vous. »

Et, présentant machinalement sa main à Tarlton, qui la serra avec force, il lui dit :

« Eh bien? oui, je l'avoue maintenant, ce que vous voulez faire est bien, très-bien. »

Sa conscience murmurait : « C'est mal, très-mal. » Mais il n'écoutait plus cette voix intérieure. Fasciné par les transports de joie qu'il vit éclater, il ne conserva même plus ni le désir ni l'espoir de résister, et ses camarades, joyeux de sa faiblesse, de s'écrier :

« Pauvre Loveit ! nous savions bien qu'il ne nous refuserait pas. »

Le complot ainsi formé, Tarlton prit le commandement de l'expédition, exposa son plan, et indiqua comment il fallait s'y prendre pour s'emparer plus facilement des pommes du pauvre homme.

Entre neuf et dix heures du soir, Tarlton, Loveit et un autre camarade sortirent de la maison par une fenêtre située au bout d'un long corridor du rez-de-chaussée. Il faisait clair de lune. Après avoir traversé le champ et franchi la barrière, nos petits maraudeurs, dirigés par Loveit, arrivèrent à la porte du jardin. Loveit reconnut la maison blanche et le pommier qui en était proche. Ils firent un trou dans la haie et réussirent, non sans égratignures, à pénétrer dans le jardin. Tout était silencieux. A peine entendait-on le bruissement des feuilles, agitées par un léger souffle du vent. Ils étaient émus et leur cœur battait violemment. Comme Loveit grimpait sur l'arbre, il crut entendre une porte qui s'ouvrait dans la maison. Il conjura à voix basse ses compagnons d'abandonner l'entreprise et de retourner au logis. Mais ceux-ci n'y voulurent pas consentir avant d'avoir rempli toutes leurs poches. Alors ils se décidèrent à s'en retourner par le même chemin, et chacun se retira dans sa chambre aussi doucement que possible.

Entre neuf et dix heures du soir, ils sortiront par une fenêtre. (Page 34.)

Loveit couchait dans la même chambre que Hardy. Par précaution, Tarlton crut devoir enlever des poches de Loveit les pommes volées, afin que Hardy ne fût pas instruit de leur escapade, et il le fit avec tant d'habileté et si peu de bruit, que Loveit lui-même ne s'en aperçut pas. Il ne dormait pourtant pas ; les reproches de sa conscience l'agitaient ; il sentait qu'il n'avait pas assez de courage pour être bon, et que son manque de résolution l'avait seul conduit à faire partie de cette malheureuse expédition.

On s'étonnait que Hardy, avec toute sa pénétration, n'eût pas découvert le vol commis pendant la nuit ; mais Loveit, qui le connaissait mieux que les autres, ne fut pas longtemps à s'apercevoir qu'il n'était pas aussi ignorant qu'il voulait bien le paraître. Plusieurs fois il fut sur le point de confier à son ami toutes ses angoisses ; mais, fidèle à sa promesse, il préféra garder pour lui son chagrin et ses remords, et répondre toujours d'une manière évasive aux questions que lui adressait son ami.

C'était en vain qu'il demandait à Tarlton la permission de se confier à Hardy. Le mauvais sujet repoussait toujours sa demande et l'apostrophait en ces termes :

« J'étais loin de me douter que nous avions parmi nous un pareil faquin. Dis-lui tout ce que tu voudras, tout ce que tu sais, afin qu'il nous dénonce, et qu'ensuite on nous chasse de l'école. Tu seras alors bien avancé, imbécile!

— Tiens! c'est ainsi qu'on me traite, se dit Loveit; je me suis compromis pour eux, j'ai fait une mauvaise action, et on m'appelle faquin pour ma peine. On ne me traitait pas ainsi quand j'ai consenti à faire la corvée. »

En effet, son profit ne répondait guère à la part qu'il avait prise au vol; on ne lui avait donné qu'une pomme et demie, et lorsqu'il s'était plaint, on lui avait répondu qu'on avait fait un égal partage, que du reste elles étaient excellentes, et qu'une autre fois on dédommagerait « ce pauvre Loveit. »

Cependant, le vieillard examinait chaque jour son pommier; c'était le seul de cette espèce qu'il y eût dans le district; il comptait tous les matins le nombre des pommes qui étaient sur l'arbre, et il s'aperçut bien vite, à la brèche qu'on avait faite à la haie de son jardin et aux traces de pas qu'on avait laissées dans les plates-bandes, qu'il avait été volé pendant la nuit.

Ce n'était pas un méchant homme; il ne voulait faire de mal à personne, et surtout aux enfants, qu'il affectionnait beaucoup. Sans être avare, il n'était pas assez riche pour donner les produits de son jardin. Il avait travaillé toute sa vie pour acheter un petit coin de terre, et il conservait bien précieusement pour son fils ce résultat de ses économies. Le vol qu'on avait commis chez lui l'affligea donc profondément, et il fut obligé de se recueillir un instant pour savoir quel parti il devait prendre.

« Si je me plains à leur maître, ils seront certainement punis, et j'en serais bien fâché. Cependant il ne faut pas qu'ils puissent recommencer: ce serait leur rendre un bien mauvais service, et cela pourrait en conduire quelques-uns plus loin qu'on ne le pense.... Voyons.... Oh ! j'y suis. J'attacherai dans le jardin Barker, le chien du fermier Kent; il m'a promis de me le prêter, et je suis sûr qu'il le fera. »

Le fermier Kent consentit, en effet, à prêter au voisin son Barker, le chien le plus fort et le meilleur gardien de toute la contrée. Ils l'attachèrent au tronc du pommier.

La nuit venue, Tarlton, Loveit et leurs camarades retournèrent à la maraude. Fiers de leur prouesse de la veille, ils arrivèrent en dansant et en chantant; mais à peine eurent-ils sauté dans le jardin, que le chien, se soulevant sur ses pattes de derrière et faisant résonner sa chaîne, aboya avec fureur. Nos maraudeurs, saisis d'épouvante, ne savaient que devenir. « Essayons de ce côté, » dit Tarlton; et ils prirent une allée détournée.

« Le chien vient de briser sa chaîne; sauve qui peut! »

A ces mots de Tarlton, chacun s'empressa d'escalader la haie; Loveit, se trouvant seul en arrière, leur criait :

« A mon secours! oh! je vous en prie! venez à mon secours, je ne puis m'en aller seul; oh! une minute, une seule, mon cher Tarlton. »

Le cher Tarlton n'entendait pas, et Loveit, abandonné de tous ceux qui, un instant auparavant, se disaient ses amis, ne put regagner le dortoir qu'avec beaucoup de peine. Il commença à ne plus voir dans Tarlton qu'un garçon aimant à vanter ses prouesses, et qui, au moment du danger, était le premier disposé à se sauver; aussi le lendemain dit-il à ses camarades :

« Pourquoi ne m'avez-vous pas aidé hier, quand je vous en ai prié?

— Je n'ai pas entendu, répondit l'un.

— J'étais déjà si loin! dit un autre.

— Je ne le pouvais pas, argua un troisième.

— Et vous, Tarlton?

— Moi! j'avais bien assez de penser à moi. Chacun pour soi en ce monde.

— Ah! chacun pour soi?

— Eh! oui, certainement. Qu'y a-t-il là de si étrange?

— Il y a d'étrange que je me figurais que vous m'aimiez.

— Ah! grand Dieu! mais oui, cela est vrai; seulement nous nous aimons mieux nous-mêmes.

— Hardy ne m'a pas compromis comme toi, et cependant....

— Bast! fit Tarlton un peu alarmé, ce que tu dis là n'a pas le sens commun. Voyons, écoute-moi. Nous sommes très-fâchés de ce qui est arrivé, et nous t'en demandons pardon. Donne-moi la main, pardonne et oublie.

— Je te pardonne, répondit Loveit en présentant sa main, mais je ne puis oublier.

— Allons, je le vois, tu n'es pas de bonne humeur; mais nous te connaissons, tu ne gardes pas rancune. Viens avec nous, tu sais bien que tu es le meilleur garçon du monde, et que nous faisons tout ce qui te fait plaisir. »

La flatterie l'emporta encore; Loveit était si heureux de se croire réellement aimé, qu'il n'apercevait pas qu'il servait de jouet à ses méchants condisciples.

« C'est étrange, dit-il cependant, que vous m'aimiez autant, et que vous m'ayez laissé cette nuit dans un si cruel embarras. »

Et il se mit à comparer ses nouveaux amis avec Hardy. Celui-ci lui parlait toujours avec bonté, ne l'engageait qu'à faire du bien, lui faisait part de ses secrets et le mettait dans ses confidences les plus intimes.

Le soir, à la récréation, Hardy se trouvait près de Loveit, qui roulait dans ses mains un morceau de papier, lorsque Tarlton, s'approchant, lui prit le bras, et l'interpella d'un ton brusque.

« Viens avec moi, j'ai quelque chose à te dire.

— Je ne puis maintenant.

— Et pourquoi donc, s'il vous plaît?

— J'irai tout à l'heure.

— Viens maintenant, tu es un bon enfant et j'ai quelque chose de très-important à te communiquer.

— Qu'est-ce donc? répondit Loveit; » et il craignait qu'on n'eût encore quelque mauvaise action à lui proposer.

Tarlton le tira à part, le flatta, et voulant se l'attacher par quelque cadeau :

« Loveit, lui dit-il, l'autre jour tu as manifesté le désir d'avoir une toupie; veux-tu accepter la mienne?

— Oui, certainement, mon cher Tarlton, et je t'en remercie. Mais qu'avais-tu de si important à me dire?

— Je ne puis te le dire tout de suite; tout à l'heure, quand nous serons seuls.

— Mais personne ne peut nous entendre.

— Viens un peu plus loin; écoute-moi. Tu te

rappelles la peur que le chien nous a causée la nuit dernière ?

— Je le crois bien.

— Eh bien ! rassure-toi, il ne nous en causera plus.

— Comment cela ?

— Regarde. »

Et Tarlton montra à son camarade un paquet enveloppé d'un mouchoir bleu.

« Qu'est-ce que cela ?

— Vois.

— Et mais, c'est de la viande. Qui donc te l'a donnée ?

— C'est Tom, le garçon, moyennant six sous.

— Et c'est pour le chien ?

— Oui. Je veux me venger de lui, et l'empêcher de recommencer.

— L'empêcher de recommencer ! mais c'est donc du poison ? s'écria Loveit avec horreur.

— C'est du poison, mais pour un chien seulement ; tu penses bien, ajouta Tarlton un peu confus, que je n'aurais pas voulu me procurer du poison qui tue les hommes. »

Loveit regardait avec stupeur ; puis, après un moment de silence, il dit à Tarlton d'une voix indignée :

« Je ne vous connais plus, je ne veux plus avoir rien de commun avec vous.

— Reste, répondit Tarlton, en prenant le bras de son camarade, reste; tout ce que je t'ai dit n'était qu'un jeu.

— Laissez-moi, laissez-moi, vous êtes un mauvais sujet.

— Mais quand je te dis que je ne sais pas si cela peut faire du mal.... Si tu crois qu'il y ait quelque danger....

— Oui, je le crois.

— Cependant Tom m'a assuré qu'il n'y en avait aucun; il s'y connaît, Tom, puisqu'il est habitué à soigner les chiens,

— Je n'écoute et ne crois rien.

— Avant de te prononcer, tu devrais, ce me semble, consulter le garçon,

— Je n'ai pas besoin de cela, dit Loveit avec véhémence; le chien, si vous lui donnez ce morceau de viande, éprouvera d'épouvantables souffrances. C'est ainsi qu'on a fait périr un chien qui appartenait à mon père. Pauvre animal! comme il se débattait, comme il se tordait!

— Pauvre animal! répéta Tarlton. Oh! s'il en est ainsi, il ne faut pas lui donner cela.

Il cherchait à donner le change à Loveit; mais, dans le fond, il était bien décidé à mettre son projet à exécution.

Loveit retourna près de Hardy; son esprit était si agité, sa figure était tellement bouleversée, qu'on le reconnaissait à peine. Il ne parlait pas, mais de grosses larmes coulèrent à plusieurs reprises sur ses joues.

« Combien tu es meilleur que moi ! dit-il enfin à Hardy, qui ne cessait de le questionner ; si tu savais.... »

A ce moment, la cloche sonna, et ils se rendirent à la chapelle pour faire la prière du soir. Puis, au moment où ils se retiraient dans leurs dortoirs, Loveit aperçut Tarlton, et lui dit :

« Eh bien ?

— Eh bien ! répondit celui-ci d'un ton qui écartait toute défiance.

— Qu'allez-vous faire cette nuit ?

— Ce que tu vas faire toi-même : dormir, je présume.

— Il a changé d'idée, se dit Loveit ; oh ! il n'est pas si méchant.

Quelques minutes s'étaient à peine écoulées que Hardy, s'apercevant qu'il avait oublié son cerf-volant sur le gazon, dit :

« Oh ? il sera bien mouillé demain matin !

— Appelle Tom, » lui dit Loveit.

Mais Tom ne répondit pas.

« Où est donc Tom ? demanda Loveit.

— Je suis ici, » dit le petit domestique en sortant du dortoir de Tarlton.

Hardy le pria d'aller chercher son cerf-volant,

et, pendant qu'il se disposait à y aller, Loveit aperçut dans sa poche le coin d'un mouchoir bleu. Cette vue réveilla en lui les plus pénibles émotions ; il se leva aussitôt, et se mit à la fenêtre du dortoir qui donnait sur la prairie. Il pouvait ainsi voir tout ce qui allait se passer.

« Que fais-tu donc là ? demanda Hardy. Pourquoi ne te couches-tu pas ? »

Loveit ne répondit rien ; il continua de regarder par la croisée, et ne tarda pas à voir Tom se glisser le long de la prairie ; monter sur le banc qui leur servait pour sauter dans le sentier, et se rendre de là dans le jardin du voisin.

« Il va le lui donner ? s'écria Loveit avec une émotion difficile à dépeindre.

— Qui et quoi ? demanda Hardy.

— Oh ! le méchant, le cruel !

— Qui est-ce qui est méchant ? qui est-ce qui est cruel ? explique-toi. »

Et Hardy, prévoyant un danger à courir ou un malheur à empêcher, exerça sur Loveit assez d'ascendant pour se faire expliquer ce qui se passait. S'habiller sur-le-champ et courir après Tom ne fut pour lui que l'affaire d'un moment.

« Prends garde, lui dit Loveit, ils ne me le pardonneront jamais. Oh ! je t'en prie, ne me trahis pas, ne dis pas que je t'en ai parlé.

— Je ne te trahirai point, tu peux avoir confiance en moi. »

En disant ces mots, Hardy quitta le dortoir, traversa la prairie en courant, sauta par dessus la haie, suivit lestement les traces de Tom et l'atteignit au moment où il jetait le morceau de viande dans le jardin du pauvre homme.

« Ah! c'est vous, monsieur Hardy; pourquoi venez-vous ici? Est-ce que vous n'étiez pas bien couché?

— Je viens, misérable, reprendre le poison que tu as dans ta poche.

— Et qui vous a dit que j'avais du poison? c'est une plaisanterie. Pourquoi en aurais-je? Tenez, regardez plutôt.

— Donne-le moi, te dis-je, je le veux.

— Sur mon honneur, monsieur Hardy, je n'en ai pas; je vous jure que je n'en ai pas.

— Tu en as, mauvais garnement. »

Et au même moment le chien, éveillé par le bruit de ce colloque, se mit à aboyer. Tom était terrifié; il craignait que le vieillard ne sortît de sa maison et ne s'aperçût du projet d'empoisonnement qu'il essayait de mettre à exécution. Le chien s'approcha de la haie, sauta sur le mouchoir et le déchira en continuant de grogner, de hurler, d'aboyer. Hardy, sans perdre courage, guetta le moment favorable; il piqua avec une fourche le morceau de viande empoisonné et le ramena vivement de son côté.

Nous laissons à nos lecteurs le soin de se figurer le plaisir, le bonheur du brave garçon après avoir ainsi préservé le superbe Barker d'une mort certaine. Loin d'en tirer vanité et de chercher à recevoir une récompense pour sa bonne action, Hardy se dirigea du côté de la pension et monta tranquillement l'escalier. Il se disposait à rentrer dans son dortoir, lorsqu'il se trouva face à face avec M. Pouvoir, le maître d'étude, qui, les bras croisés, l'attendait d'un air indigné.

« Venez par ici, dit-il, que je sache qui vous êtes. Je savais bien que je finirais par vous découvrir; allons, venez..... Hardy! Comment, c'est vous, c'est bien vous, Hardy?

— Oui, monsieur.

— Je suis sûr que, si M. Sincère était là, il ne voudrait pas en croire ses yeux; quant à moi, je ne sais vraiment que penser. Voudriez-vous me dire ce que vous avez là dans vos poches?

— Vous pouvez voir, monsieur, répondit Hardy en tirant un paquet.

— Quoi! un morceau de viande; mais ce n'est pas tout.

— Je vous demande pardon, monsieur, c'est tout.

— Vraiment ! dit M. Pouvoir en prenant le morceau de viande entre ses mains.

— Prenez garde, monsieur, elle est empoisonnée.

— Empoisonnée ? et qu'en vouliez-vous faire ? Voyons, parlez. »

Hardy garda le silence.

« Voulez-vous me répondre ? »

Hardy continua de garder le silence.

« A genoux, monsieur, à genoux, et avouez tout. Dites-moi quels sont ceux de vos camarades qui étaient avec vous, ce que vous alliez faire, ce que vous avez fait. Allons, dites, dépêchez-vous ; c'est le seul moyen d'obtenir votre pardon.

— Monsieur, répondit Hardy, d'une voix tout à la fois ferme et respectueuse, je n'ai pas de pardon à demander. Je n'ai point d'aveu à faire. Je suis innocent ; mais, si je ne l'étais pas, je me laisserais punir et je ne dénoncerais pas mes camarades.

— Très-bien, monsieur, c'est très-bien. Voilà un procédé ingénieux, ma foi, je vous en félicite. Mais nous verrons ce que vous direz demain quand mon oncle le docteur sera ici.

— Je lui dirai ce que je viens de vous dire, répondit Hardy sans s'émouvoir. Depuis que je suis à la pension, ajouta-t-il, je n'ai jamais fait de mensonge, et je pense que vous voudrez bien me croire : je vous affirme donc, monsieur, sur mon honneur, que je n'ai rien fait de mal.

— Rien de mal? De mieux en mieux ! Quoi ? quand je vous trouve ici pendant la nuit?

— Vous avez raison, cela est mal.... A moins que....

— A moins que quoi, monsieur ? Je n'excepte rien. Suivez-moi, le temps du pardon est passé. »

Et ce disant, le maître d'étude conduisit Hardy par un obscur passage dans un endroit appelé le *cabinet noir*.

« C'est là, lui dit-il en le faisant entrer, que vous passerez la nuit. Je veux en savoir davantage, et, quoi qu'il arrive, je parviendrai bien à découvrir toute la vérité. »

Cette conversation fut entendue de tous les élèves; mais aucun d'eux n'avait pu la suivre complétement, la plupart des paroles prononcées ne venant pas jusqu'à eux. Ce qu'ils savaient néanmoins, c'est que Hardy avait été enfermé dans le cabinet noir, que quelques-uns ne connaissaient pas et que d'autres connaissaient trop. Le matin, ils se réunirent tous et se regardèrent avec anxiété. Loveit et Tarlton étaient les plus tourmentés; mais il y avait entre eux cette différence, que Tarlton ne se préoccupait que de lui seul, tandis que Loveit craignait en même temps pour tous ceux qui la veille avaient fait partie de la trop fameuse expédition. Le matin, tous les enfants s'assemblèrent, se consultant des yeux et s'abordant avec une certaine anxiété. Tarlton considérait Loveit comme l'auteur de tout ce qui se passait, et l'apostrophant d'un ton de colère mal contenue :

« Que dis-tu de cela ? Tu as instruit Hardy de nos projets malgré ta promesse. Nous voilà maintenant de jolis garçons ! Loveit, c'est ta faute.

— Toujours ma faute, pensa Loveit, toujours ma faute !

— Grand Dieu, voici le prisonnier ! » s'écrièrent en même temps plusieurs écoliers qui aperçurent Hardy.

Et tous, se formant en demi-cercle, se demandaient : « Est-ce lui ? Non. — Si. — Le voilà. » Et M. Pouvoir, tenant une baguette à la main, vint prendre place en haut de la salle.

« Taisez-vous ! leur dit-il d'une voix sévère ; que chacun de vous se mette tranquillement à sa place. »

Et chacun s'empressa d'obéir, songeant que le moment était critique et se demandant si Hardy avait parlé, s'il avait accusé quelqu'un. Le remords gagnait toutes les consciences, et tous les petits garnements s'attendaient à subir le châtiment dû à leur faute.

« Il nous a tous dénoncés, dit Tarlton.

— Je vous garantis, répondit Loveit, qu'il n'a dénoncé personne.

— Tu le crois donc assez bête pour subir un châtiment qu'il lui est si facile d'éviter? » répliqua Tarlton d'un air moqueur.

Et au même instant parut Hardy. Tous les yeux se fixèrent sur lui, et Loveit lui frappa sur l'épaule quand il passa devant lui.

« Approchez, dit M. Pouvoir, qui était monté sur le fauteuil qu'occupait ordinairement M. Sincère, approchez et dites-nous ce que vous savez de plus ce matin.

— Je ne sais rien de plus, monsieur, répondit résolûment Hardy.

— Comment, rien de plus?

— Non, monsieur, rien de plus.

— Eh bien! moi, monsieur, j'ai quelque chose de plus à vous dire. »

Et saisissant sa baguette, le maître d'étude se disposait à en frapper l'écolier, lorsque M. Sincère entra suivi du vieillard, que Loveit reconnut sur-le-champ.

« Hardy! dit M. Sincère d'une voix de douloureuse surprise, Hardy! c'est vous! Je ne puis en croire mes yeux.

— N'agissez pas avec trop de rigueur, murmura le vieillard.

— Soyez sans inquiétude; » puis s'adressant à

Hardy : « Jamais, je l'avoue, je n'ai été aussi cruellement trompé qu'en ce moment. J'avais placé en vous ma confiance ; je vous croyais un jeune homme d'honneur, et voilà que vous donnez l'exemple de la désobéissance la plus effrontée. Vous êtes un voleur.

— Moi, monsieur ? s'écria Hardy ; et il fondit en larmes devant une pareille accusation.

— Vous et plusieurs autres.

— Demandez-lui de vous nommer ses complices, interrompit M. Pouvoir.

— Je ne veux rien lui demander. Que voulez-vous tirer d'un écolier qui n'a pas conservé intact le sentiment de la probité ? La vérité et l'honneur n'habitent pas sous les vêtements d'un voleur.

— Je ne suis pas un voleur, je n'ai jamais eu rien de commun avec ce monde-là, s'écria Hardy indigné.

— N'avez-vous pas volé ce vieillard ? n'avez-vous pas pris ses pommes ?

— Non, monsieur, je n'ai jamais touché aux pommes de ce vieillard.

— Vous n'y avez jamais touché ? Prenez garde ! je ne tolère pas de honteuses équivoques. Vous avez eu la honte, l'indignité, l'infamie, la bassesse de chercher à empoisonner son chien ; vous ne le nierez pas sans doute, puisque la viande empoisonnée a été retrouvée cette nuit dans votre poche ?

— Le poison a été trouvé dans ma poche, c'est vrai; mais je n'ai jamais voulu empoisonner le chien; loin de là, je lui ai sauvé la vie.

— Dieu vous bénisse! dit le vieillard.

— C'est un non sens, une imposture! s'écria M. Pouvoir : n'essayez donc pas de nous en imposer.

— Je ne vous en impose pas.

— J'ai cependant la preuve, dit M. Sincère, que le poison avait été préparé pour cela; » et il montra le mouchoir de poche bleu.

A cette vue, Tarlton pâlit; Hardy, au contraire, ne changea pas de contenance.

« Connaissez-vous ce mouchoir de poche?

— Oui, monsieur, je le connais.

— Et il est à vous?

— Non, monsieur.

— A qui appartient-il donc? »

Hardy garda le silence.

« Vous ne répondez pas? c'est bien; nous savons à quoi nous en tenir, nous allons faire les recherches nécessaires, et, lorsque j'aurai la preuve qu'il me faut, soyez certain que je sais ce qu'il me restera à faire.

— Ce mouchoir n'est pas à moi.

— Voyons, messieurs, à qui appartient-il? » et M. Sincère le montra aux écoliers.

« Ce n'est pas le mien! ce n'est pas le mien! »

fut la réponse qui sortit de toutes les bouches la fois. Et en effet, personne, à l'exception de Hardy, de Loveit et de Tarlton, ne savait la vérité.

« Ma canne, s'écria M. Sincère, ma canne ! »

Tarlton devint blême comme la neige; Loveit baissa les yeux; quant à Hardy il regardait tranquillement son maître et ne paraissait nullement ému.

« Voyons, avant de frapper, dit M. Sincère, peut-être découvrira-t-on quelque indice à la marque. »

Et regardant attentivement les coins du mouchoir :« J. T., » dit-il.

Tous les yeux se fixèrent à l'instant sur Tarlton, qui, tremblant de tous ses membres, vint se jeter aux pieds de M. Sincère et lui demanda pardon.

« Sur mon honneur, dit-il, je vais tout vous dire. Je n'aurais jamais eu l'idée de voler les pommes de ce vieillard, si Loveit ne m'en avait parlé le premier. Quant au poison, c'est Tom qui qui m'y a engagé. »

Et comme le maître hésitait à le croire :

« N'est-ce pas que c'est cela, Hardy? Oh! mon bon monsieur, pardonnez-moi pour cette fois. Je ne suis pas le plus coupable; mais je désire que vous me punissiez seul, que je serve d'exemple pour tous les autres.

— Je ne veux pas vous punir.

— Oh! merci, monsieur, répondit Tarlton en essuyant ses yeux.

— Mais je ne veux pas non plus vous garder. Reprenez votre mouchoir, montez au dortoir, habillez-vous et allez-vous-en. Si j'avais encore quelque espoir de le ramener, je le conserverais, ajouta M. Sincère dès que l'écolier fut sorti; mais je n'ai pas cet espoir. Le châtiment ne convient qu'à ceux qui peuvent devenir meilleurs; quant à ceux qui n'ont pas assez de cœur pour sortir de leur état d'abjection, il faut leur appliquer ces paroles de l'Évangile : « Si l'arbre ne vaut rien, « coupez-le et le jetez au feu. »

A ces mots, Loveit et ses autres complices déclarèrent qu'ils méritaient qu'on es traitât de la sorte.

« Oh! ils sont bien assez punis comme cela, dit le vieillard; pardonnez-leur, monsieur, pardonnez-leur, je vous en prie. »

Hardy se joignit au vieillard.

« Ce n'est pas parce que vous me le demandez, dit M. Sincère, que je pardonne, bien que j'aie une grande vénération pour vous; mais il y a parmi ces jeunes enfants un garçon qui a mérité une récompense, et je suis sûr que je ne puis lui faire plus de plaisir qu'en lui accordant la grâce de ses camarades. »

Hardy était rayonnant de joie et heureux de voir tous les élèves lui témoigner leur cordiale sympathie. « Je suis certain, mon cher Loveit, dit-il, que c'est là une leçon dont tu sauras profiter.

— Mes enfants, reprit alors le vieillard d'une voix émue, ce n'est pas pour la valeur de mes pommes que je suis venu me plaindre, mais seulement pour vous arracher à un penchant qui aurait pour vous les conséquences les plus funestes. Si vous me le permettez même je planterai dans votre jardin, et dès aujourd'hui, un pommier semblable au mien ; j'en prendrai soin aussi longtemps que je le pourrai, et lorsque vous le verrez, lorsque vous mangerez les fruits qu'il produira, vous vous rappellerez où le vol a conduit votre mauvais camarade Tarlton. Quant à vous, dit-il à Hardy en lui prenant les mains, je prie Dieu qu'il vous bénisse, et, soyez en certain, mon ami, Dieu récompensera tous les bons sujets comme vous. »

Barker, le meilleur gardien de la contrée. (Page 39.)

LA FAUSSE CLEF

Il perdit complétement la raison. (Page 83.)

LA FAUSSE CLEF.

M. Spencer était un homme aussi bon que sensible. Il avait entrepris l'éducation de plusieurs pauvres enfants parmi lesquels se trouvait un jeune garçon nommé Franklin, qu'il avait élevé depuis l'âge de cinq ans.

Cet enfant avait le malheur d'être le fils d'un homme qui s'était déshonoré, et on lui reprochait sans cesse sa naissance. S'il lui arrivait de se quereller avec les enfants du voisinage, on lui disait qu'il finirait comme son père. Mais M. Spencer lui disait au contraire que sa bonne conduite lui méritait l'estime de tous les honnêtes gens, et que les fautes de son père ne devaient pas retomber sur lui.

Cette espérance remplissait de joie le cœur de Franklin : il montrait le plus grand désir d'apprendre et de faire tout ce qui était bien. M. Spencer, voyant ces bonnes dispositions, s'attachait à lui de plus en plus. Il prit un soin tout particulier de son instruction, et lui inculqua les principes et les habitudes qui rendent un homme utile, respectable et heureux.

Lorsque Franklin eut atteint sa treizième année, M. Spencer le fit venir dans son cabinet et lui dit d'un ton grave et affectueux en pliant une lettre qu'il venait d'écrire :

« Franklin, tu vas me quitter.

— Moi, monsieur?

— Oui ; il est temps de songer à ton avenir. Tu es en âge de gagner ta vie. Prends donc cette lettre, et porte-la chez Mme Churchill, ma sœur, place de la Reine. Tu sais où est cette place, n'est-ce pas?

— Oui, monsieur, j'y suis déjà allé.

— Tu vas entrer au service de ma sœur. Il faut t'attendre, pendant les premiers temps, à faire des travaux un peu pénibles, désagréables même; mais ne te décourage pas, sois soumis et obéissant pour ta maîtresse; cherche à obliger les autres domestiques, et je puis t'assurer que tu n'auras pas lieu de t'en repentir. Mme Churchill est une fort bonne maîtresse, et, si tu suis mes conseils, tu réussiras à la satisfaire.

— Ah! je n'en doute pas.

— Et, quelque chose qui t'arrive, compte sur moi comme sur ton meilleur ami.

— Vous êtes bien bon, monsieur! je vous remercie. »

Et Franklin ne put ajouter un seul mot, tant il était ému au souvenir des bontés que son maître n'avait cessé d'avoir pour lui.

« Donne-moi une bougie pour cacheter cette lettre. »

Franklin alluma un flambeau; puis, lorsque M. Spencer lui remit la lettre :

« Puis-je espérer, dit il, que vous me permettrez de venir vous voir quelquefois?

— Certainement, mon enfant; toutes les fois que ta maîtresse le voudra bien, je me ferai un plaisir de te recevoir : et, si parfois tu éprouves quelque contrariété, viens te confier à moi. J'ai déjà parlé de toi. J'ai fait ton éloge comme tu le mérites. Va, mon enfant, et montre que je suis encore resté au-dessous de la vérité. »

Franklin laissa couler des larmes sur ses joues; et après avoir, à deux ou trois reprises, exprimé à M. Spencer toute sa gratitude, il quitta cette maison hospitalière et se dirigea vers la demeure de Mme Churchill.

Il arriva sur la place de la Reine vers trois heures. La porte de la maison de Mme Churchill lui fut ouverte par un homme aux larges épaules, au visage enluminé, vêtu d'un habit bleu et d'une veste écarlate, auquel Franklin n'osa donner sa lettre, dans la crainte que ce ne fût pas un domestique.

« Que voulez-vous ? lui dit cet homme.

— J'ai une lettre pour Mme Churchill, » répondit Franklin d'une voix aussi respectueuse que celle du sommelier avait été insolente.

Le sommelier regarda la lettre, examina l'adresse, l'écriture, l'enveloppe, et remonta l'escalier; puis, au bout de quelques minutes, il revint, en disant à Franklin d'essuyer ses pieds et de le suivre.

Le jeune garçon fut introduit dans une grande et belle salle, où se trouvaient la maîtresse du logis et sa suivante. Elle lui fit plusieurs questions, l'écouta attentivement pendant qu'il parlait, et son regard, sévère en commençant, devint ensuite si doux que Franklin éprouva pour sa maîtresse un sentiment de crainte mêlé de respect et d'affection.

« Je te prends à mon service, dit-elle; tu seras

Je te prends à mon service. Page 64.

attaché à ma gouvernante, et j'espère qu'elle n'aura pas à se plaindre de toi. »

La gouvernante entra en ce moment; elle avait le sourire sur les lèvres; mais, tournant ses regards sur Franklin, elle prit un air d'inquiétude et de soupçon. Sa maîtresse le lui recommanda en disant :

« Pamfret ! je pense que vous serez contente de cet enfant, et que vous lui rendrez le service agréable. »

Le *très-bien ! madame*, qui fut la réponse de la femme de chambre, indiqua cependant, par le ton avec lequel il fut prononcé, qu'elle était peu disposée à porter Franklin dans son cœur. Mlle Pamfret était une femme avide de pouvoir et jalouse des faveurs de sa maîtresse. Elle se serait disputée avec un ange qui aurait été accueilli dans la maison sans sa recommandation. Elle se contint néanmoins; mais le soir, comme elle aidait Mme Churchill à faire sa toilette, elle ne put s'empêcher de dire d'un ton railleur :

« Ce n'est sans doute pas, madame, l'enfant dont M. Spencer nous a parlé l'autre jour? Celui-là a été élevé par la Société *vilainthropique*.

— Par la Société philanthropique, oui, je le sais, mon frère me l'a dit; cet enfant est doué d'un excellent caractère, à ce qu'il paraît, et je ne doute pas que vous n'en soyez contente.

— Je le désire, mais je n'ose l'espérer. Pour ma part, je n'ai pas beaucoup de confiance dans les gens de cette sorte. Ces enfants sont pris dans ce qu'il y a de plus mauvais, et quoi qu'on fasse, ils suivent toujours les mauvais exemples de leurs parents.

— Ils ne vivent pas avec leurs parents; comment voulez-vous donc qu'ils suivent des exemples qu'ils n'ont pas sous les yeux ? Si Franklin a le malheur d'avoir pour père un misérable, ce n'est pas une raison pour le repousser; d'ailleurs, il a reçu une bonne éducation.

— Oh ! pour cela, madame, et sans rien dire de mal contre l'éducation, je puis vous assurer que l'éducation ne change pas notre nature. Chacun de nous vient au monde avec des penchants, avec des inclinations, et certes la meilleure éducation du monde ne peut pas les détruire ; et pour ma part, je ne voudrais certainement pas avoir chez moi un enfant qu'aurait élevé la société *vilainthropique* : il doit avoir une nature mauvaise. Je vous assure, madame, que j'aurais peur.

— Vous avez tort, Pamfret. Si je vous écoutais si je renvoyais cet enfant, comment ferait-il pour vivre ? Mendier ou voler, voilà sa seule ressource.

Mlle Pamfret, qui en définitive était une bonne créature, touchée de cette alternative, s'écria:

« Que Dieu me garde de faire de cet enfant un mendiant ou un voleur, que Dieu me garde de lui causer un préjudice quelconque ! Je ne lui veux aucun mal.

— C'est bien, Pamfret. Toutefois, si vous n'aimez pas ce jeune homme, dans un mois je le renverrai : j'ai promis à M. Spencer de le prendre à l'essai, et non de le garder.

— J'étais bien sûre de vous trouver dans de telles dispositions, madame ; mais quel sera le désappointement de votre cuisinière, quand elle va tout apprendre.

— Quel désappointement ?

— A cause de son neveu dont elle vous a parlé.

— Quand cela ?

— Le jour où elle a fait le superbe gâteau.... et même, si vous vous rappelez, vous lui avez dit que vous ne voyiez pas d'objections à ce que l'enfant entrât chez vous, et c'e-t sur cette parole qu'elle avait apporté ses hardes : mais maintenant c'est inutile, je le lui dirai.

— Je n'avais cependant pas promis de prendre son neveu.

— Oh ! promis, non, madame ; vous avez dit seulement qu'il n'y avait pas d'empêchement, et la cuisinière se faisait une grande fête de faire entrer son neveu ici ! car elle sait bien qu'il ne trouvera jamais une meilleure maison

— Eh bien ! puisque j'ai dit que je ne voyais pas d'empêchement à ce qu'il entre, je tiendrai ma parole ; faites-le venir dès demain, qu'il reste ici pendant un mois, et nous verrons quel sera le meilleur des deux. »

Mlle Pamfret reçut ces ordres avec une satisfaction marquée ; elle s'empressa de terminer son ouvrage, et d'aller raconter ce qui se passait à la cuisinière, afin de lui prouver ainsi qu'elle savait conserver toute son influence dans la maison.

Félix, le neveu de la cuisinière, arriva le lendemain matin. Quand il entra dans la cuisine, tous les yeux se fixèrent sur lui, d'abord avec complaisance, puis avec admiration. Franklin, au contraire, n'était regardé qu'avec pitié, ce qu'il ne supporta pas sans confusion, quoiqu'il eût la conscience tranquille.

En considérant les deux enfants, on devait naturellement préférer Félix ; il avait déjà les habitudes du monde, le maintien, le geste, presque le langage d'un homme comme il faut ; il portait avec cela des souliers vernis, une cravatte, des chaussettes fines, une chemise brodée, toutes choses qui frappent les yeux et excitent l'admiration du vulgaire. Franklin, se rappelant les conseils de M. Spencer, savait que des souliers vernis et des chemises brodées ne constituent pas un bon serviteur. Il résolut donc d'effacer, par ses bons procédés, la différence que la toilette mettait entre lui et le nouveau venu, et de se relever de la défaveur où l'arrivée de Félix allait le faire tomber. Puis il chercha à s'assurer l'approbation de sa maîtresse par son obéissance absolue à tous ses ordres et par sa prévenance de tous les instants ; il voulut aussi s'attirer la bienveillance des domestiques, en ne manquant aucune occasion de les obliger. Ce plan de conduite fut promptement arrêté dans sa tête, et il le mit aussitôt à exécution. Il s'aperçut bien vite que sa maîtresse lui savait gré de ses efforts, mais qu'il en était autrement des domestiques et qu'il avait le malheur de les contrarier malgré son bon vouloir.

Cependant il avait fait de grands progrès dans l'amitié de M. Tirebouchon, le sommelier ; il se mettait en quatre pour lui être utile, et chaque jour il faisait au moins la moitié de son ouvrage. Mais un soir que M. Tirebouchon était sorti et que Franklin montait l'escalier, sa maîtresse lui demanda :

« Où est le sommelier ?

— Il est parti, madame.

— Où est-il allé ?

— Je l'ignore, madame. »

Il avait dit la vérité, et n'avait pas mis de méchanceté dans ses réponses ; mais lorsqu'il répéta au sommelier ce qui venait de se passer, il reçut un coup de poing sur le visage et fut traité de méchant, d'impertinent, de sot animal.

« Méchant ! impertinent ! » répéta Franklin ; puis regardant M. Tirebouchon, et voyant qu'il avait la face plus enluminée que d'habitude, il pensa qu'il était ivre. Il fut donc persuadé que le lendemain, en recouvrant l'usage de la raison, le sommelier ne manquerait pas de reconnaître son injustice et de lui faire ses excuses pour les mauvais traitements qu'il lui avait fait endurer. Il n'en fut pas ainsi cependant ; le lendemain, lorsque Franklin provoqua une explication :

« Pourquoi, lui dit M. Tirebouchon, quand madame vous a demandé où j'étais, avez-vous répondu que j'étais parti ?

— Parce que vous étiez réellement parti.

— Et pourquoi avez-vous ensuite répondu que vous ne saviez pas où j'étais ?

— Parce que vous ne me l'aviez pas dit et que je n'en savais rien.

— Vous êtes un enfant stupide ! Il fallait dire que j'étais à la cave.

— Mais y étiez-vous ?

— Si j'y étais ? répondit M. Tirebouchon avec un regard farouche. Ah çà ! mais êtes-vous donc ici pour censurer ma conduite ? Monsieur l'hypocrite, vous vous trompez singulièrement, si vous vous attendez à ce que je vous fasse des excuses.

Allez faire votre rapport, allez ; sortez d'ici, sortez bien vite, et envoyez-moi Félix. »

A partir de ce moment, Félix eut seul le privilége d'aller travailler avec le sommelier, Il devint son favori, et Franklin, sans chercher à pénétrer le secret de leurs conférences, ne tarda pas à découvrir que les deux serviteurs buvaient le vin de leur maîtresse.

Mais ce n'était pas la seule faveur frauduleuse que reçut Félix ; sa tante, la cuisinière, ne laissait passer aucune occasion de lui donner quelques douceurs. C'était tantôt une aile de volaille, tantôt une demi-perdrix, du fromage, des fruits, et, en un mot, ce qui restait de meilleur du déjeuner ou du dîner. Franklin, au contraire, était laissé de côté, bien qu'il prît plaisir à aider la cuisinière, et que, dans un moment de presse, il fît tous ses efforts pour lui éviter des reproches mérités. Il garnissait les jardinières de fleurs, et préparait avec tant d'habileté tout ce dont on avait besoin, que le service de la cuisinière devenait facile. Mais l'ingrate profitait de sa complaisance et ne lui en savait pas plus de gré. A l'heure des repas, elle ne trouvait à lui donner que du pain et quelques mauvais légumes.

Franklin n'enviait cependant pas le sort de Félix. « J'ai une conscience irréprochable, se disait-il, et je suis certain que Félix ne peut pas en dire autant. Sa tante m'en veut et ne peut me souffrir depuis le jour où j'ai vu le panier. »

Or, voici l'histoire de ce panier :

Mlle Pamfret, la gouvernante, avait laissé entendre plusieurs fois qu'une quantité prodigieuse d'objets avaient été enlevés à sa maîtresse ; elle ne parlait ordinairement de cela qu'au dîner, et en jetant sur Franklin des regards qui lui firent comprendre suffisamment qu'elle le soupçonnait. Les autres domestiques le regardaient aussi en souriant ; mais sa conscience était tranquille, et il ne s'affecta pas de ces injustes soupçons.

On avait, un dimanche soir, servi sur la table un filet de bœuf assez fort. Le lundi, le filet avait disparu. Mlle Pamfret, ne pouvant contenir son indignation, demanda qu'on lui représentât immédiatement le filet de bœuf, ajoutant qu'elle voulait savoir où il était passé, et quel était celui des domestiques qui s'était rendu coupable de cette soustraction.

Elle parla avec véhémence ; mais le morceau de bœuf ne paraissait pas, lorsque Franklin, rappelant ses souvenirs, s'écria :

« Il me semble l'avoir vu dans un panier placé sur le garde-manger. »

La cuisinière fut atterrée et changea de couleur. La parole lui revint bientôt. Alors elle se tourna vers Franklin, et, d'une voix pleine de colère :

« Je ne sais ce qu'il veut dire, mais nous pouvons nous assurer du fait. »

Et après avoir déposé le panier sur le plancher :

« Puisque M. Franklin est si bien instruit, ajouta-t-elle, il pourra sans doute dire qui s'est permis de placer ce morceau de bœuf dans le panier ?

— Mais je crois avoir vu....

— Vous croyez avoir vu ! La belle raison ! dit la cuisinière en mettant ses mains sur ses hanches et en le regardant effrontément. Et de quoi vous mêlez-vous ? Veuillez, ajouta-t-elle en s'adressant à Mlle Pamfret, veuillez le questionner ; peut-être vous répondra-t-il, et j'en serai bien aise : car, depuis quelque temps, je m'aperçois que le beurre, la crème et tout ce que je mets dans le garde-manger disparaît, et, sans accuser Franklin, je serais bien aise cependant que justice fût faite. »

Mlle Pamfret, aveuglée par ses préventions contre les enfants élevés par la Société philanthropique, et animée d'une secrète jalousie contre un garçon qui était entré chez sa maîtresse sans sa protection, se joignit à la cuisinière, et, persuadée que Franklin était un petit voleur, elle dit :

« Laissez-le ! laissez-le ! Il a déjà tous les vices des fripons ; mais nous le soignerons. Je ne tarderai pas à le prendre sur le fait. Je connais ses penchants ; je sais ce qu'il vaut, et madame fera bientôt justice de ce petit vaurien. »

Ces mots, prononcés avec dureté, firent sur Franklin une profonde impression. Mlle Pamfret put s'en apercevoir, lorsque Félix dit d'un air narquois, en voyant les larmes de Franklin :

« Ce sont des larmes de crocodile.

— Eh quoi! se demanda Franklin avec douleur, lui aussi ? »

Et en effet, Félix qui traitait son camarade avec tant de morgue, n'avait reçu de lui que des marques de bonté. Tous les matins Franklin servait le déjeuner avant que Félix fût seulement descendu de sa chambre. Il préparait les tasses, le pain, le beure, et tout ce dont Mme Churchill avait besoin : il évitait ainsi à son camarade une disgrâce certaine.

L'heure de la réparation n'était cependant pas aussi éloignée que Félix le croyait. Semblable à ces gens qui, parce qu'ils ont réussi quelquefois dans leurs coupables entreprises, se figurent ne devoir jamais être découverts, Félix était de plus en plus infidèle. Un jour, il se trouva sur le passage de sa maîtresse, qui lui demanda :

« Où vas-tu, Félix ?

— Je vais chez l'épicier, madame, répondit-il avec effronterie.

— C'est bien ; mais j'ai une course à te donner : tu vas te rendre chez mon libraire. »

Et Mlle Pamfret lui ayant donné ce qui était nécessaire pour écrire, elle traça à la hâte quelques lignes qu'elle mit sous enveloppe. Pendant ce temps, Félix était tourmenté par un petit chien français que l'on appelait Manchon. Manchon ne voulait pas des caresses de Félix ; il criait dès qu'il l'apercevait, et ce jour-là paraissait plus acharné que jamais après le jeune garçon.

« Bon petit chien ! bon petit chien ! » disait Félix en lui frappant doucement sur la tête.

Mais Manchon cherchait à lui déchirer sa poche.

« Tenez, dit la maîtresse, voici la lettre. Silence, Manchon ! silence ! Venez ici et laissez Félix tranquille. »

Manchon, au lieu d'obéir, attaqua la poche de Félix avec plus de vigueur, parvint à y entrer la tête, et en sortit un papier plié et la moitié du pâté qui avait servi au déjeûner du matin.

« Mon pâté froid ! s'écria Mlle Pamfret, qu'est-ce que cela signifie ?

— Allons, répondez, dit Mme Churchill, qu'est-ce que cela signifie ?

— Je ne sais, madame, seulement....

— Seulement... achevez. »

Et comme Félix se taisait :

« Parlez, dit elle, je veux savoir ce qui se passe chez moi, et rendre justice à tous ceux qui la méritent. »

Notre garçon raconta alors qu'il allait porter ce pâté froid à son cousin ; que sa tante, la cuisinière, l'avait chargé de faire cette commission et qu'il n'avait pas osé refuser.

La cuisinière appelée rejeta cette accusation avec la même violence qu'elle avait mise à repousser déjà celle que Franklin avait portée contre elle à propos du filet de bœuf. Mais elle n'obtint pas le même succès. Cependant Félix, voyant qu'il allait être mis à la porte et qu'il ne pourrait pas facilement trouver une place aussi agréable, n'hésita pas à confondre sa tante ; il représenta à sa maîtresse le papier plié que le chien avait tiré de sa poche en même temps que le pâté, et il fut dès lors facile à Mme Churchill de connaître la vérité. La cuisinière priait son cousin d'accepter ce pâté froid, et de lui envoyer par le porteur une bouteille de vin de Cherry.

La cuisinière fut chassée aussitôt. Mme Churchill voulait aussi mettre Félix à la porte ; mais, touchée de ses larmes et de son repentir, elle consentit à ce qu'il terminât son mois, en l'engageant fortement à changer de conduite.

Quant à Mlle Pamfret, qui s'aperçut combien elle avait été trompée à l'égard de Franklin, elle se promit de le traiter dorénavant avec bienveillance. Elle reconnut alors tous les services qu'il rendait, elle vit qu'il faisait tous les matins l'ouvrage de Félix, qu'il cherchait à se rendre utile en toutes occasions, et qu'en un mot c'était un bon et excellent serviteur.

Nous n'avons pas besoin de raconter ici tous les incidents qui se passèrent, pendant le mois d'épreuve, dans la maison de Mme Churchill, ni les différentes particularités de caractère que l'on remarqua chez les deux enfants ; nous avons hâte d'arriver à une circonstance qui décida de leur avenir.

M. Tirebouchon avait pris l'habitude, après souper, d'aller au cabaret pour y boire avec ses amis. Le cabaret était tenu par le cousin de la cuisinière, celui-là même à qui on devait porter le pâté froid, et qui devait envoyer du Cherry. Tirebouchon emportait la clef de sa chambre, de sorte qu'il pouvait rentrer à l'heure qui lui faisait plaisir, et si, par accident, Mme Churchill demandait après lui, Félix répondait par un de ces mensonges qui avaient répugné à la droiture de Franklin, et allait ensuite le chercher. Toutes ces précautions prises, le sommelier se livrait avec confiance à sa passion. Chaque jour il prenait la résolution de s'arrêter, mais chaque jour il augmentait ses libations, si bien qu'en peu de temps sa face devint toute bourgeonnée, ses membres furent pris d'un tremblement continuel, son intelligence s'obscurcit et on ne vit plus en lui qu'une victime de l'ivrognerie.

Il dépensa au cabaret tout ce qu'il avait mis de côté, et ses gages devinrent insuffisants. Il dut bientôt un gros compte; puis, lorsqu'il se représenta, le maître du cabaret refusa de lui faire crédit. Un jour, cependant, que Tirebouchon se disputait avec lui et qu'il lui reprochait de ne pas traiter ses pratiques en gens comme il faut, le cabaretier lui répondit :

« Aussi longtemps que vous avez payé en homme comme il faut, je vous ai traité avec toute la déférence que vous méritiez; mais aujourd'hui que vous êtes ruiné, pourquoi voulez-vous que je vous traite de la même façon ? »

Et il appela, pour répondre à cette question, des hommes qui buvaient dans la chambre voisine; mais ces hommes prirent pitié du sommelier : ils le firent venir à leur table, lui offrirent un verre, se lièrent d'intimité avec lui et le firent jaser sur son état, ses occupations, la fortune de sa maîtresse, etc. Ces nouveaux amis engagèrent Tirebouchon à boire tant qu'il le désirait, car il importait à leurs secrètes pensées que le bonhomme perdît la raison.

Mme Churchill appartenait à une ancienne famille; elle possédait beaucoup de vaisselle d'argent, et ces gens-là, qui étaient des voleurs de profession, voulaient s'en emparer. Ils accompagnèrent Tirebouchon jusqu'à la porte et l'engagèrent à revenir le lendemain soir. Leur intimité se resserra davantage. Un des voleurs proposa même au sommelier de lui prêter trois guinées pour payer ses dettes, ajoutant qu'il lui serait facile, s'il le voulait, d'en avoir beaucoup plus. Alors il lui dévoila le plan qu'ils avaient concerté, lui promettant la meilleure part du butin s'il consentait à les aider.

Le sommelier jouissait de la réputation d'un honnête homme, et il lui répugnait de faire quelque chose qui pût la ternir. Mais, pressé par ses compagnons, il but trois ou quatre grands verres de vin, et promit de garder le secret sur les propositions qu'on lui avait faites et de rendre réponse le lendemain.

Il était à moitié ivre, et, lorsqu'il passa près du lit de Félix, il ne voulut pas le réveiller, craignant de l'initier aux propositions des voleurs. Le matin, cependant, Félix lui demanda ce qu'il avait fait la veille, et Tirebouchon alarmé éluda toutes ses questions, cherchant même sous diverses prétextes à l'éloigner. Le jeune garçon n'était pas disposé à garder le silence; il fit donc comprendre à son compagnon qu'il avait été mis, lui aussi, dans le secret, et qu'il n'était pas dupe de sa dissimulation. Le sommelier vit dès lors qu'il n'avait rien à lui cacher, et que Félix était bien déterminé à favoriser le projet des voleurs.

La nuit suivante ils se rendirent tous deux au cabaret. Tirebouchon hésitait encore ; mais à la pensée que ses dettes seraient payées, que son amour de la bouteille, qu'il ne pouvait plus satisfaire, serait à l'abri d'un refus, ses scrupules cessèrent, il assura que son concours serait acquis ; après avoir pris l'heure du rendez-vous, il but un grand verre de vin, et on convint qu'il remettrait aux voleurs la clef de la maison. Félix les embarrassait un peu ; ils craignaient qu'il ne divulguât le complot, qu'il ne les vendît, et que la police ne vînt les arrêter au moment où ils s'empareraient de leur butin. Mais Félix était rempli de vanité, et en flattant son orgueil il était facile de se l'attacher tout à fait. On lui parla donc de cravates brodées, de chemises fines ; on lui dit que les hommes comme il faut en portaient, et que, s'il pouvait s'en procurer, il passerait certainement pour un monsieur. Enfin on lui en montra, et on lui dit à quelles conditions on les lui donnerait. Félix consentit à tout et promit de venir, dès le lendemain, remettre aux voleurs réunis chez son cousin la clef de la maison.

Le complot bien arrêté, ainsi que les conditions

du partage, les voleurs se séparèrent. Félix fut se coucher; quant au sommelier, dont la conscience n'était pas encore étouffée, et qui, dans le silence de la nuit, se trouvait bien misérable, il eut besoin, pour avoir le courage de sa mauvaise action, de faire de nouvelles libations. Il se rendit donc à la cave de sa maîtresse, et là, buvant verre sur verre, il perdit si complétement la raison, qu'il ne parvint qu'avec beaucoup de difficultés à retrouver son lit. Il se jeta sur son grabat, tenant encore la chandelle allumée, et mit le feu à ses rideaux.

Heureusement pour lui et pour la maison tout entière, Franklin ne dormait pas. A la clarté inusitée qu'il aperçoit dans la chambre du sommelier, il saute sur son séant, il se lève, il s'habille précipitamment, et courant jusqu'au lit de Tirebouchon, il le secoue, le réveille, et prend aussitôt les mesures nécessaires pour éteindre le feu. Félix, tout tremblant et tout honteux, ne sachant à quoi attribuer cet accident, exécuta les ordres de Franklin. Quant à Mlle Pamfret, qui avait une frayeur extrême du feu, elle se sauva de sa chambre, disant seulement qu'elle avait sur sa table à toilette deux pots remplis d'eau. Franklin court les chercher à l'instant, et jette l'eau avec tant d'habileté qu'en quelques minutes tout danger avait disparu.

« Que diras-tu à Mlle Pamfret, si elle te demande où tu as trouvé la chandelle, demanda Tirebouchon à Franklin.

— Si elle me le demande, je lui dirai la vérité.

— Tu veux donc me faire du tort?

— Je ne veux faire de tort à personne; mais je ne mentirai jamais.

— Si cependant je te donnais quelque chose que tu aimes beaucoup?

— Vous ne pouvez rien me donner qui me force à mentir. Je désire seulement qu'on ne me questionne pas. »

Son désir ne fut pas exaucé. Mlle Pamfret s'empressa, dès le matin, de prendre des informations, et la chandelle joua dans tout cela un rôle considérable. M. Tirebouchon soutenait qu'il l'avait placée à six pieds au moins des rideaux; mais, lorsque Franklin fut appelé et qu'on lui enjoignit de dire ce qu'il avait vu, il prit le chandelier et le mit à la place où il l'avait trouvé.

« Comment, dit Mlle Pamfret, ce chandelier était ici? Ce n'est cependant pas le chandelier que je vous avais donné hier soir, Monsieur Tirebouchon?

— C'est cependant celui-là que j'ai trouvé ici, dit Franklin.

— Mais c'est impossible. J'avais laissé ce chandelier dans la grand'salle du bas, et je me suis couchée la dernière.

— Je suis sûr cependant de ce que je vous dis, madame, » répliqua Franklin.

Tirebouchon avait en effet changé de chandelier en revenant du cabaret.

« Mais, madame, hasarda Félix, vous vous trompez. Je me rappelle parfaitement que, lorsque le sommelier est allé se coucher hier soir, il avait ce chandelier verni.

— Vraiment, monsieur, je ne me rappelle pas ? Je n'ai cependant pas, que je sache, une tête de linotte, et pourquoi dites-vous que je ne me rappelle pas ?

— Oh! madame, s'écria Félix, je vous demande pardon. Je disais seulement que vous vous trompiez peut-être ; et je voulais vous engager à rappeler vos souvenirs.

— Je me rappelle ce qui me plaît, monsieur. Quant à vous, veuillez tenir votre langue. Pourquoi vous mêlez-vous de ce qui ne vous regarde pas ? Quel intérêt avez-vous dans tout ceci ?

— Je n'en ai aucun, madame, je n'en ai aucun, je vous assure. Je vous demande pardon. »

« M. Tirebouchon ne savait plus quelle contenance tenir, lorsque Mme Churchill agita la sonnette, Mlle Pamfret suspendit son interrogatoire pour assister au lever de sa maîtresse.

« Comment avez-vous dormi cette nuit, madame, dit-elle en ouvrant les rideaux ?

— Mais très-bien. Je crois même avoir dormi plus qu'à l'ordinaire.

— Cela est vrai, madame, vous n'avez pas été éveillée par le feu.

— Le feu a donc pris dans la maison, cette nuit ?

— Oui, madame. Mais ce n'a pas été grand'chose, Dieu merci.

— Et savez-vous comment le feu a pris ?

— J'ai interrogé ; mais le feu n'est pas ce qui me préoccupe le plus.

— Qu'avez-vous donc ?

— Vous ne craignez pas les voleurs, n'est-ce pas, madame.

— Oh non, certainement.

— Eh bien ! moi, madame, je ne sais pourquoi j'ai, depuis quelque temps, de funestes pressentiments.

— Sur quoi les fondez-vous ?

— Sur beaucoup de circonstances dont je n'ai pas cru devoir vous entretenir. Ainsi, hier, j'ai laissé dans la salle du bas les chandeliers vernis, et il s'en est trouvé un ce matin dans la chambre de M. Tirebouchon. L'autre nuit, la lanterne de la cour était dehors, allumée, et le matin elle se trouvait dans l'écurie. C'est Franklin qui me l'a dit, et, certes, Franklin ne ment pas.

— Vous le croyez donc, maintenant?

— Oh! certainement, madame.

— Cependant il a fait une mauvaise action.

— Il faut rendre justice, madame, et je crains bien que nous ne l'ayons accusé à tort.

— Comment s'est-il conduit cette nuit?

— Si vous l'aviez vu, madame, vous auriez sûrement admiré, comme moi, son habileté et son sang-froid. C'est lui qui a éteint le feu; c'est lui qui nous a sauvés. Le pauvre enfant! c'est un bon et excellent garçon, celui-là.

— Prenez garde, Pamfret, n'allez pas d'une extrémité à l'autre.

— Oh! il n'y a pas de danger, madame, et je suis sûre que, si vous l'aviez vu cette nuit, vous lui donneriez une récompense.

— Mais je lui en donnerai une aussi; je veux seulement lui faire subir encore une épreuve.

— Ce n'est peut-être pas l'occasion, maintenant, après le service qu'il a rendu.

— Je le désire, cependant; dites-lui d'apporter le déjeuner ce matin, et donnez-moi la clef de la maison. »

Lorsque Franklin servit le déjeuner, il trouva sa maîtresse assise devant le feu, et tenant une clef entre ses mains. Elle le félicita et le remercia tout à la fois de son habileté.

« Depuis combien de temps êtes-vous ici?

— Depuis trois semaines, madame.

— Je n'ai eu qu'à me louer de vous; vous voyez que je sais reconnaître les services qu'on me rend. Connaissez-vous cette clef?

— Oui, madame, c'est celle de la porte d'entrée.

— C'est bien cela, je vais vous la confier. C'est une grande preuve de confiance que je vous donne. Vous la garderez, et surtout faites attention de ne la donner à personne sans mon ordre.

— Je vous obéirai, madame, » Et il reçut la clef des mains de sa maîtresse.

Lorsqu'on connut les ordres de Mme Churchill, on murmura dans la maison. Ces dispositions contrariaient les projets de Tirebouchon et de Félix, et ils en éprouvèrent un grand ressentiment; toutefois, persuadés qu'on attrape plus de mouches avec du miel qu'avec du vinaigre, ou, en d'autres termes, que la douceur est préférable à la violence, ils firent semblant d'avoir pour Franklin beaucoup d'amitié. Depuis deux ou trois jours, le sommelier, se faisant violence, n'allait pas au cabaret, et se couchait en même temps que les autres. Mlle Pamfret elle-même crut un instant que ses soupçons n'étaient pas fondés.

Le troisième jour, cependant, le sommelier fit avertir ses complices du dehors de se tenir prêts, parce qu'ils pourraient le soir même accomplir leur projet. La grande difficulté était de se procurer la clef. Dès que les domestiques furent réunis dans la cuisine, Tirebouchon déplia des billets de spectacle, et se donnant des airs d'importance :

« Qui est-ce qui veut venir à la comédie ? dit-il. On donne un spectacle magnifique.

— Y es-tu déjà allé ? demanda Félix à Franklin.

— Non, jamais,

— Eh bien ! veux-tu y venir ce soir avec nous ? reprit le sommelier.

— Oh ! certainement, si madame y consent, ce sera avec grand plaisir.

— Mais as-tu de l'argent ?

— Non, répondit Franklin avec tristesse.

— Eh bien ! ne te chagrine pas, je veux te payer le spectacle ; obtiens seulement la permission de madame. »

Franklin était au comble de la joie, car il pensait bien que la permission ne lui serait pas refusée.

Profitant de ce moment, Tirebouchon ajouta :

« Va tout de suite chez madame. Prête-moi la clef pendant ce temps, j'en aurai besoin pour une minute ou deux.

— La clef ! j'en suis fâché, mais je ne puis vous la prêter.

— Tu ne peux pas? Alors, mon cher, tu n'iras pas au spectacle.

— Comme vous le voudrez, mais vous n'aurez pas la clef.

— Ne fais donc pas l'insolent, dit Félix. Ne vas-tu pas te croire un grand personnage parce que tu as une clef?

— Laisse-le, dit Tirebouchon et ne parlons plus de lui; quant à toi, Félix, tu viens toujours avec moi?

— Oh! certainement, car j'aime le spectacle par-dessus tout.

— Eh bien! viens. »

Et le jeune hypocrite, s'approchant de Franklin, lui dit :

« Ne sois donc pas si obstiné! Quel mal y a-t-il à ce que Tirebouchon ait la clef pendant quelques minutes?

— Je ne dis pas qu'il y ait du mal; mais je ne puis pas la lui prêter, parce que madame l'a défendu. J'ai promis de ne pas laisser sortir cette clef de mes mains, et M. Spencer m'a toujours dit que manquer à sa parole c'était un crime tout comme de voler. »

A ce mot de voler, Tirebouchon et Félix furent saisis d'une terreur secrète, et détournèrent aussitôt la conversation.

« Donne-moi la main, dit le sommelier, tu es un brave garçon.

— Mais je serais désolé si vous pouviez penser le contraire.

— Nous aurons la clef, en dépit de son obstination, dit Félix à l'oreille de son complice; dites-lui qu'il est un bon garçon pour qu'il ne puisse pas avoir de soupçon, et ce soir, quand il sera endormi, nous trouverons bien moyen de la lui soustraire. »

Ce plan fut mis à exécution; ils découvrirent le lieu où Franklin déposait la clef pendant la nuit, ils s'en emparèrent, prirent une empreinte en cire, et la replacèrent pendant que le gardien dormait encore.

Avec l'empreinte obtenue, les deux complices se rendirent chez un serrurier qui leur avait été indiqué par les gens de la bande. Ils commandèrent une fausse clef au moyen de laquelle ils devaient entrer dans la maison.

Franklin était d'un caractère peu soupçonneux; lorsqu'à l'heure ordinaire il reprit sa clef, il s'aperçut qu'elle était bouchée dans quelques parties, et, en examinant avec soin, il vit que les trous étaient pour la plupart obstrués par la cire; il commença dès lors à soupçonner la vérité, d'autant plus que Félix lui avait dit souvent qu'avec un peu de cire il pourrait, s'il le voulait, ouvrir la première porte venue, sans avoir besoin de la clef. Il s'empressa aussitôt de porter sa clef à sa maîtresse et de lui exposer ses craintes.

« Je n'ai pas à me plaindre de t'avoir confié la clef, répondit Mme Churchill. Tu es un brave et digne garçon. Mon frère doit venir aujourd'hui, je le consulterai, et nous verrons ensuite ce qu'il y aura à faire. »

Le soir venu, M. Spencer rencontra Franklin sur l'escalier, lui prit affectueusement la main, et lui dit :

« C'est moi, maintenant, qui suis ton obligé, puisque tu as sauvé la fortune et peut-être la vie de ma sœur.

— Je n'ai fait que mon devoir, répondit Franklin avec modestie.

— Veux-tu aller au spectacle ce soir?

— Oh? monsieur, ce serait avec beaucoup de plaisir. »

M. Spencer entra ensuite dans l'appartement; il examina avec soin la dépense, il trouva le panier rempli d'argenterie, plus loin des ballots, des paquets contenant tout ce que Mme Churchill avait de précieux, et, pour éviter tout soupçon, rien dans la chambre des deux malfaiteurs qui pût faire supposer qu'ils étaient de connivence avec ceux du dehors.

« Voyez donc, s'écria Mlle Pamfret, les beaux habits de Tirebouchon et les superbes cravates de

Félix ! Ce sont les habits et les cravates dont ils parlent tant depuis quelques jours.

— Sur ma tête, dit M. Spencer, ils seront bien habiles s'ils vont au spectacle ce soir.

— Non, certes, ils n'iront pas ; je suis sûre qu'ils passeront leur soirée dans le cabaret, en compagnie de leurs complices.

— Ne vous effrayez pas surtout, mademoiselle Pamfret.

— Oh ! soyez tranquille, pourvu que Franklin ait une carabine et moi un manche à balai, je ne craindrai rien.

— Vous aurez mieux que cela, beaucoup mieux que cela. »

M. Spencer sortit de chez sa sœur vers le soir ; il alla dans le cabaret que fréquentait le sommelier, et demanda à parler a celui qui en était le maître.

« N'avez-vous pas, lui dit-il, parmi vos clients, deux domestiques de Mme Churchill?

— Oui, monsieur.

— Ne sont-ils pas chez vous en ce moment?

— Oui, ils sont dans un cabinet avec deux autres buveurs.

— Et quelle mine ont ces buveurs?

— A vous dire vrai, je les crois d'une mauvaise espèce.

— Que disent-ils? le savez-vous?

— Je ne sais pas au juste, mais tout ce que je puis vous dire, c'est qu'ils se disputaient il n'y a qu'un instant.

— Et à propos de quoi?

— A propos d'une clef. « Nous voulons avoir la « clef cette nuit, » disaient les étrangers.

— Et combien y a-t-il d'étrangers?

— Deux seulement. »

Ces informations recueillies, M. Spencer salua le cabaretier et se dirigea vers une rue voisine. Quelques minutes après, il se rendait chez sa sœur avec un constable et son assistant. Ils se placèrent dans le parloir qui précédait la pièce où les malfaiteurs avaient déposé leur butin. A minuit, on entendit une clef crier dans la serrure, et Tirebouchon, suivi de ses complices, se dirigea vers la pièce; mais ils furent aussitôt arrêtés et conduits en prison.

Mme Churchill et Mlle Pamfret avaient passé la nuit dans une maison du voisinage.

« Madame, dit Mlle Pamfret, qui, dès le matin, avait été mise au courant de ce qui s'était passé, tous ces monstres sont arrêtés, Dieu merci. J'ai voulu les voir ce matin. Je me suis mise à la fenêtre. Ils étaient si sots! Félix n'oubliera jamais cette journée, je vous assure. Quant à Franklin, madame, c'est le meilleur garçon que je connaisse. Ce Félix avait un regard fauve et insolent que je n'oublierai jamais. Et puis, Franklin est si modeste quand il parle à M. Spencer, ou quand celui-ci lui adresse quelques questions.

— Savez-vous si mon frère lui a donné quelque récompense ?

— Non, madame, et je sais bien quelle est la meilleure récompense qu'on pourrait lui donner.

— J'entends, j'entends. Eh bien ! faites mettre de côté la moitié de mon argenterie ; qu'on la vende et qu'on place en son nom l'argent qu'on en tirera, pour lui assurer plus tard une petite fortune.

— Oh ! madame, je savais bien que vous étiez bonne !

— Tenez, prenez ces billets de spectacle, je désire que vous y alliez avec lui.

— Je vous remercie, madame, ce sera pour moi un grand plaisir d'accompagner un si honnête garçon. »

Depuis ce moment, Mlle Pamfret ne cessa d'avoir pour Franklin une amitié sans bornes ; elle comprit que les enfants ne sauraient être responsables des fautes de leurs parents, et elle ne repoussa jamais ceux que la Société philanthropique, avec un louable zèle, cherchait à arracher, par une bonne éducation, aux vices que des exemples pernicieux auraient pu faire naître. Elle prit alors pour maxime ce que la sagesse de tous les temps a conseillé, et reconnut qu'il n'y a de différence entre les hommes que celles qu'établissent les talents et la vertu.

Ils découvrirent le lieu où Franklin mettait la clef. (Page 91.)

LA GUINÉE

Comptons nos sous.... (Page 106.)

LA GUINÉE.

Au pied d'une colline escarpée, blanchissante, appelée Mont-de-Craie, dans le comté de Bedfort, se trouvait une chaumière, ou plutôt une cabane, qu'on aurait pu croire inhabitée, si les passants n'avaient aperçu la fumée qui s'échappait de son toit délabré. Une vieille femme habitait cette misérable demeure avec un petit garçon et une petite fille qu'elle avait recueillis, mourant de faim, après la mort de leur père, qui était un mendiant du pays. Ces pauvres enfants se trouvèrent bien heureux la première fois que la vieille femme les introduisit dans sa cabane, les plaça devant son foyer et leur donna une croûte da pain rassis à manger. Elle ne possédait pas grand'chose, mais ce qu'elle avait, elle le partageait de bon cœur. Son affection pour les orphelins doublait ses forces au travail, et, pour subvenir à leurs besoins, elle ne laissait pas reposer un seul instant son rouet ou son tricot. Elle gagnait encore quelque argent d'une autre façon : quand une voiture venait gravir le Mont-de-Craie, elle la suivait, et, au moment où les chevaux fatigués s'arrêtaient pour prendre haleine, elle glissait des pierres sous les roues de derrière, afin d'empêcher la voiture d'être entraînée sur cette pente rapide et glissante.

C'était un grand bonheur pour les deux enfants de se tenir près du rouet de la vieille pendant qu'elle filait et de causer avec elle. Elle profitait de ces instants pour leur inculquer des principes qui devaient leur servir toute la vie, et elle leur recommandait bien de ne jamais les oublier. Elle leur expliquait ce qu'on entend par la vérité et l'honnêteté ; elle leur apprenait à mépriser la paresse et à chercher à se rendre utile.

Un soir, le petit garçon lui dit :

« Grand'maman (c'était le nom dont elle aimait

C'était un grand bonheur pour les enfants de se tenir près du rouet. (P. 100.)

à s'entendre appeler), grand'maman, vous êtes bien souvent obligée de quitter votre rouet pour suivre les voitures qui gravissent la côte, et mettre des pierres sous les roues afin de les empêcher de dégringoler. Les gens qui sont là dedans ne vous donnent-ils pas un sou ou deux pour votre peine ?

— Oui, mon enfant.

— Mais c'est bien fatigant pour vous de monter et de descendre si souvent la colline. Vous êtes tout essoufflée, et alors vous savez bien que vous ne pouvez plus filer. Si nous gravissions à notre tour la montée pour mettre des pierres sous les roues, vous pourriez rester à votre ouvrage. Peut-être que les voyageurs nous donneraient un sou comme à vous, et nous vous apporterions toute notre recette. Tenez, bonne grand'maman, laissez-nous essayer un jour, demain matin, voulez-vous?

— Je veux bien, dit la vieille, nous verrons ce que vous pouvez faire ; mais je vous accompagnerai à la montée deux ou trois fois, de peur que vous ne vous fassiez du mal. »

Le jour suivant les deux enfants, accompagnés de leur grand'maman, comme ils l'appelaient, montèrent la colline à la suite des voitures, pour enrayer les roues. La vieille prit le chapeau du petit garçon, le donna à sa sœur et l'envoya auprès des portières pour recevoir l'argent qu'on voudrait bien lui donner. Quand elle vit que les enfants se tiraient d'affaire avec adresse, elle les laissa seuls et retourna filer. Il passa ce jour-là beaucoup de voitures, et la recette fut très-fructueuse. Le soir venu, la petite fille apporta tous les sous dans le chapeau de son frère et les versa sur les genoux de la mère-grand. La vieille les remercia en souriant.

« Vous m'avez été utiles, leur dit-elle ; mon rouet a filé plus que de coutume, parce que je n'ai pas éprouvé de fatigue. Mais, ajouta-t-elle, Paul, mon garçon, qu'est-ce que tu as à la main ?

— Rien, rien ! je me suis pincé en mettant une pierre sous les roues d'une voiture, voilà tout. Cela ne me fait pas grand mal. Mais j'ai songé à quelque chose de fameux pour demain, et je ne me blesserai plus jamais, si vous êtes seulement assez bonne pour me donner le vieux manche à balai et le morceau de bois qui est dans un coin de la cheminée et ne vous sert à rien. J'en ferais bon usage, grand'maman, si vous vouliez me le permettre.

— Prends, cher enfant, prends, dit la vieille ; tu trouveras le manche à balai sous mon lit. »

Paul se mit aussitôt à l'œuvre. Il ajusta le bout du bâton dans le morceau de bois, comme s'il eût voulu faire un frottoir.

» Voyez, grand'maman, voyez ; avec cela je me

fais fort d'enrayer toutes les roues sans jamais me pincer les doigts. Au bout de ce bâton, mes mains, j'imagine, se trouveront en sûreté. Et toi, ma petite sœur, tu n'auras pas besoin de t'occuper de m'apporter des pierres. Ce ne sera plus nécessaire, car cet instrument les remplacera avec avantage. Ah! je voudrais bien être à demain pour appliquer mon invention à la première voiture qui montera la côte.

— Et moi, dit la petite fille, je souhaite qu'il en passe autant qu'aujourd'hui, et que nous puissions vous apporter une grande quantité de sous, bonne grand'maman.

— Et moi aussi, répondit la vieille, ma chère Annette; car j'entends que toi et ton frère vous gardiez pour vous l'argent que vous recevrez demain. Vous achèterez du pain d'épice et de ces beaux raisins mûrs que vous avez vus l'autre jour à l'étalage du fruitier, en revenant de la ville. Je vous dis alors qu'il ne m'était pas possible de vous en acheter. Mais il est bon maintenant que vous goûtiez du raisin mûr et du pain d'épice.

— Est-ce que nous n'apporterons pas du pain d'épice à grand'maman, mon frère? » murmura la petite Annette.

Le lendemain arriva, mais on n'entendit pas venir de voitures. Paul et sa sœur s'étaient pourtant levés à cinq heures, afin de ne pas manquer les premiers voyageurs. Paul, son bâton sur l'épaule, était à son poste au bas de la colline, veillant à l'arrivée des voitures. Enfin, il en passa une qu'il suivit à la montée. Au moment où le postillon l'appela, en le priant d'enrayer les roues, l'enfant glissa le morceau de bois emmanché comme il aurait fait d'une pierre, et il réussit au gré de ses désirs. Plusieurs voitures passèrent dans la journée, Paul et Annette reçurent une grande quantité de sous de la part des voyageurs. Quand la nuit vint, Annette dit à son frère :

« Je ne crois pas qu'il en passe encore d'autres aujourd'hui. Comptons nos sous, et puis allons les porter à grand'maman.

— Non, pas encore, répondit Paul. Laisse-les, laisse-les dans le trou où je les ai mis; je suis sûr qu'il passera d'autres voitures avant qu'il soit tout à fait nuit, et nous n'en aurons que plus de monnaie. Cependant, ajouta-t-il, si tu veux rester ici un instant et veiller aux voitures, j'irai te cueillir des mûres de haie dans le champ voisin. Si tu aperçois quelque chose, tu m'appelleras. »

Annette attendit longtemps, ou du moins elle crut attendre longtemps, et ne voyant rien venir, elle quitta la route et se dirigea vers le champ où son frère était allé.

« Paul, dit-elle, je n'en puis plus, mes yeux sont fatigués de regarder. Il ne passera plus rien ce soir. Est-ce que je n'ai pas assez attendu comme cela pour aujourd'hui, Paul?

— Oh! que non. Tiens, voici des mûres pour toi. Tu aurais mieux fait d'attendre encore un peu. Pendant que nous sommes ici à causer, il peut passer une voiture là-bas. »

Annette, qui était d'un bon caractère, retourna à son poste. A peine y était-elle que le bruit d'une voiture se fit entendre. Elle appela son frère, et, à la grande joie des enfants, ils aperçurent quatre chaises de poste à la suite l'une de l'autre. Annette, qui avait observé avec attention comment son frère s'y prenait pour enrayer les roues, se prêta à la circonstance et lui aida de son mieux. Mais dans son empressement, elle allait oublier de présenter le chapeau de son frère aux voyageurs, lorsqu'elle entendit la voix d'une jeune fille qui l'appelait pour la prier de relever le marchepied qui était tombé. « Tiens, dit-elle, petite, voilà un sou pour toi. »

Annette tendit le chapeau, et alla ensuite en faire autant à la portière des autres voitures. chacun lui donnait de l'argent, et, quand les voyageurs furent partis, elle s'assit avec son frère sur le talus de la route pour compter le petit trésor de la journée.

Ils commencèrent par l'argent qui était dans le chapeau.

« Un, deux, trois, quatre sous!

— Mais, oh mon frère! regarde donc, s'écria Annette, voilà un sou qui ne ressemble point aux autres

— Mais non, certainement, dit Paul, aussi n'est-ce point un sou. C'est une guinée, une belle guinée d'or.

— Qu'est-ce que c'est? reprit Annette qui n'avait jamais vu de guinée et n'en connaissait pas la valeur. Est-ce aussi bon qu'un sou pour acheter du pain d'épice? Faut-il aller chez le fruitier et le lui demander?

— Non, non : il n'est pas besoin de demander à personne autre que moi. Je puis t'apprendre cela aussi bien que qui que ce soit au monde.

— Qui que ce soit au monde! Oh! non, Paul! pas aussi bien que grand'maman.

— Et pourquoi pas aussi bien que grand'maman? Mais, ma chère Annette, si tu veux que je te dise cela, il faut m'écouter avec beaucoup d'attention, et encore je ne sais si tu comprendras aussi bien que j'ai compris moi-même la première fois que grand'maman me l'a expliqué. »

Annette, voyant qu'il s'agissait de quelque chose de très-difficile, ouvrit de grands yeux et écouta avec beaucoup d'attention. Son frère finit par lui faire comprendre qu'avec cette pièce d'or on pouvait avoir cinq cents fois autant de raisin qu'avec un sou.

« Comment, Paul, tu sais que la femme du fruitier nous a dit que pour un sou elle nous donnerait une demi-douzaine de raisins ; maintenant, pour cette petite guinée, elle nous en donnerait donc deux cent cinquante douzaines?

— A coup sûr, si elle en avait assez et si nous en désirions autant. Mais je crois que nous n'avons pas besoin de deux cent cinquante douzaines de raisins et qu'il ne nous serait pas possible d'en manger une aussi grande quantité.

— Mais nous pouvons en donner à grand'maman.

— Il y en aurait encore trop pour elle et pour nous, et nous serions bientôt rassasiés. Écoute donc, petite sœur, que je te dise ce que je pense. Nous pourrions acheter quelque chose pour grand'-maman, qui lui serait utile, qui lui durerait longtemps.

— Quoi, mon frère? quelle espèce de chose?

— Quelque chose dont elle nous disait avoir besoin l'hiver passé, quand elle souffrait de son rhumatisme. Tu sais, elle nous disait hier en faisant son lit qu'elle voudrait bien acheter cela pour l'hiver prochain.

— Ah! oui, je sais ce que c'est... une couverture. Oh! oui, Paul, cela vaudrait mieux que des raisins. Achetons une couverture pour elle. Comme elle sera contente de la voir! Je ferai son lit avec la couverture neuve, et puis je la lui ferai apercevoir. Mais, Paul, comment achèterons-nous une couverture? où en trouve-t-on?

— Ne t'inquiète pas de cela; c'est mon affaire. Je sais où il y a des couvertures à vendre; j'en ai vu d'étalées à la porte d'une boutique, la dernière fois que je suis allé à la ville.

— Tu as vu beaucoup de choses à la ville, mon frère?

— Beaucoup; mais je n'ai jamais rien vu là ou ailleurs qui m'ait fait autant d'envie pour notre grand'maman. Te souviens-tu comme elle tremblait de froid l'hiver dernier? J'achèterai demain la couverture en allant porter à la ville ce qu'elle a filé.

— Et tu me l'apporteras pour que je fasse son lit bien proprement. Ah! quelle joie! quel bonheur! fit Annette en battant des mains.

— Arrête! paix! ne bats pas ainsi des mains, Anna! Ce ne sera pas tout bonheur; je suis effrayé, » dit Paul. Et il changea de contenance, et son regard prit une expression grave. « Non, ce n'est pas juste; je pense maintenant à quelque chose que je n'avais pas aperçu tout d'abord; et je suis tout effrayé de cela. Non, nous ne pouvons pas acheter la couverture.

— Pourquoi, Paul? pourquoi?

— Parce que je ne crois pas que cette guinée soit honnêtement à nous.

— Ah! mon frère, je suis bien sûre qu'elle est honnêtement à nous. On nous l'a donnée, et grand'maman a dit que tout ce qu'on nous donnerait aujourd'hui nous appartiendrait.

— Mais qui nous l'a donnée, Annette?

— Quelqu'un des voyageurs qui étaient dans la chaise de poste. Je ne sais pas qui; mais je parierais que c'est la demoiselle qui m'a appelée.

— Non, dit Paul; car, lorsqu'elle t'a appelée, elle t'a dit : « Voici un sou pour toi, petite! » Par conséquent, si elle t'a donné une guinée, elle ne l'a fait que par méprise.

— Bien. Mais peut-être quelqu'un des autres voyageurs ne me l'a point donnée par méprise. Il y avait un monsieur qui lisait dans une voiture et une dame qui me considérait avec bonté. Le monsieur ayant cessé sa lecture, regarda comment tu arrêtais les roues; il me demanda si c'était toi qui avais imaginé ce moyen. Je lui dis oui, et il mit sa main à sa poche, en tira un sou qu'il me donna sans regarder. Je suis sûre que la guinée vient de lui.

— C'est possible; mais je n'en suis pas bien certain.

— Alors nous n'avons rien de mieux à faire que de demander à grand'maman ce qu'elle en pense.

Paul trouva l'avis excellent, et il était trop sage

garçon pour ne pas suivre un bon conseil. Il se rendit aussitôt avec sa sœur près de la vieille bonne femme, lui montra la guinée et lui conta comment cette pièce se trouvait en leur possession.

« Mes braves enfants, dit-elle, combien je suis contente de ce que vous me dites là ! Que vous avez bien fait de n'acheter ni raisins ni couverture avec cette guinée ! Je suis certaine qu'elle ne vous appartient pas : elle vous a été donnée par erreur. Il faut aller à la ville, et, en vous adressant à toutes les auberges, tâcher de retrouver la personne à qui elle appartient. Comme il est un peu tard, les voyageurs se seront arrêtés au prochain relais, et à cette heure celui qui vous a donné la guinée s'est sans doute aperçu de sa méprise. Votre premier soin doit être de vous enquérir du voyageur qui lisait dans sa voiture.

— Oh ! dit Paul, je sais un excellent moyen de le trouver. Je me souviens que c'était une grande berline peinte en vert avec des roues en rouge, et de plus qu'il y avait écrit sur la caisse : *John Nelson*. Vous m'avez dit que les noms écrits sur les voitures étaient ceux des maîtres de poste auxquels les chaises appartiennent ; il n'y a donc qu'à demander John Nelson. Allons à la ville, ma sœur, avant qu'il fasse tout à fait nuit. »

Annette et son frère passèrent bravement devant le marchand de raisins et de pain d'épice, et poursuivirent leur route à travers les rues de la ville. Mais Paul, en voyant la boutique où la couverture était en montre, s'arrêta un instant et dit :

« C'est bien dommage, Annette, que cette guinée ne soit pas à nous. Mais nous agissons honnêtement, et cela doit nous donner du cœur. Allons, entrons dans la cour de cette auberge. Nous sommes arrivés à la *Vache-Rousse*.

— La vache ! dit Annette. Je ne vois pas de vache.

— Lève les yeux et tu verras la vache au-dessus de ta tête, dit Paul... en peinture sur l'enseigne. Viens, il faut que je retrouve la chaise de poste verte portant le nom de John Nelson. »

Paul entra par un étroit passage qui le conduisit dans la cour de l'auberge. C'était un tumulte sans pareil. Les domestiques portaient les bagages, les palfreniers étaient occupés à étriller leurs chevaux, les postillons poussaient les voitures vers le hangar.

« Que voulez-vous ? qu'avez-vous à faire ici, je vous prie ? demanda un garçon d'auberge, qui heurta Paul en courant pour traverser la cour. Vous n'avez que faire ici ; décampez vite, gamin. »

— Laissez-nous quelques minutes, seulement le temps de nous assurer qu'il n'y a pas là une grande berline verte au nom de John Nelson.

« — Que dit-il, avec sa berline verte? reprit un des postillons.

— Est-ce qu'un gars de cette espèce se connaît en berlines? » interrompit le garçon. Et il allait pousser Paul hors de la cour, lorsque le maître de l'auberge le retint par le bras et dit :

« Peut-être l'enfant a-t-il affaire? Laissez-le s'expliquer. »

Paul raconta ce qui l'amenait. A la vue de la guinée et au récit de cette histoire, l'aubergiste prit l'enfant par la main :

« C'est bien cela, mon brave garçon. Je vais chercher la berline avec vous et nous la trouverons, si c'est possible. Mais je crois que les voitures de John Nelson descendent au *Bœuf-Noir*. »

Après quelques recherches on trouva la chaise de poste verte et le postillon qui la conduisait. Celui-ci dit à Paul qu'il allait justement au salon trouver le voyageur qu'il avait amené pour se faire payer, et qu'il pouvait lui remettre la guinée.

« Non, dit Paul, nous préférons la lui rendre nous-mêmes.

— Bien, fit l'aubergiste; c'est votre droit. »

Le postillon ne répliqua pas, mais il les regarda d'un air contrarié. Il entra dans la maison avec l'espoir de retrouver les enfants dans le passage à son retour.

Il y avait là une femme au maintien modeste, d'une mise décente, qui attendait avec deux grandes hottes à ses côtés. L'une de ces hottes embarrassait un peu le seuil de la porte Un homme venant du dehors se heurta contre cet obstacle, et, impatienté de se trouver arrêté, il chavira la hotte et son contenu d'un grand coup de bâton. De jolis chapeaux de paille, des boîtes, des pantoufles, de petits paniers, tout fut renversé sur la terre humide et boueuse.

« Ah! tout va être foulé aux pieds, sali, gâté, s'écria la femme à qui appartenaient ces objets.

— Nous allons vous aider à les ramasser si vous voulez, » dirent les enfants; et ils se mirent aussitôt à lui prêter assistance.

Quand tout fut replacé dans la hotte, Paul et Annette exprimèrent leur vif désir de savoir comment on faisait de si jolis objets avec de la paille. La femme n'eut pas le temps de leur répondre avant l'arrivée du postillon. Celui ci revenait du salon avec un domestique qui appela Paul et lui dit:

« Ainsi, mon petit garçon, je t'ai donné une guinée pour un sou? Et l'on me dit que tu es venu me la rapporter. C'est bien. Rends-la-moi.

— Non, mon frère, dit Annette. Ce n'est pas là le monsieur qui lisait.

— Comment, petite? Je suis venu dans la

chaise de M. Nelson. Voici le postillon qui peut vous le dire. C'était mon maître qui lisait et qui vous a donné cet argent par mégarde. Il est couché maintenant. Il est fatigué et ne peut vous voir lui-même; il désire que vous me remettiez la guinée. »

Paul était trop honnête pour supposer qu'un homme fût capable de faire un mensonge. Il tira donc la guinée de sa poche et la remit dans les mains du domestique.

« Il y a douze sous pour vous, mes petits, dit celui-ci. Bonsoir, enfants. » Et il les poussa dehors; mais la marchande de paniers de paille leur dit tout bas à l'oreille :

« Attendez dans la rue jusqu'à ce que je vous rejoigne.

— Madame l'hôtesse, dit le domestique à la femme de l'aubergiste, qui sortait d'une chambre où il y avait plusieurs personnes à table; madame l'hôtesse, m'avez-vous fait rôtir des alouettes pour mon souper, je vous prie? Les alouettes de ce pays sont renommées, et je me fais une règle de manger ce qu'il y a de meilleur partout où je passe. Garçon, donnez-moi une bouteille de vin clairet. Avez-vous entendu?

— Des alouettes et du vin clairet pour souper?» se dit la marchande de petits paniers en le regardant de la tête aux pieds. Le postillon attendait comme s'il avait quelque chose à dire au domestique, et elle remarqua qu'ils échangeaient en souriant quelques mots à voix basse. « C'est un bon coup, » répéta plusieurs fois le valet.

Il était évident pour la marchande que cet homme avait escroqué la guinée aux enfants, afin de payer les alouettes et le vin clairet. Elle voulut cependant découvrir toute la vérité, et attendit encore dans le passage.

« Garçon ! garçon ! criait l'hôtesse, pourquoi n'avez-vous pas servi le dessert à la compagnie du grand salon ?,..

— J'y vais, madame, j'y vais. » Et il passa pourtant sur un plat les friandises les plus variées.

L'hôtesse ouvrit la porte, et la marchande de paniers put jeter un regard dans l'intérieur du salon et apercevoir une nombreuse société, composée en majeure partie d'enfants assis autour de la table couverte de mets.

« Vous voyez, murmura l'hôtesse quand elle eut fermé la porte derrière le garçon, qu'il y aurait là quantité de chalands pour vous, si par bonheur on vous appelait. Voyons, voulez-vous me céder une demi-douzaine de ces petites nattes tressées pour mettre sous mes plats ?

— C'est une bagatelle, madame ; prenez, » dit la marchande.

Et elle les lui céda au meilleur marché possible. Alors l'hôtesse lui dit qu'elle pouvait la suivre et entrer pour voir si la compagnie du salon avait fini de souper.

« Quand on sera au dessert, je dirai un mot pour vous, et vous ferai appeler avant qu'on envoie les enfants au lit. »

L'hôtesse, après avoir adressé à la société ces paroles sacramentelles : « Je désire que le souper et toute la maison soient à votre convenance, messieurs et mesdames, » ajouta :

« Si quelqu'un de ces enfants avait la curiosité de voir les fameux ouvrages de paille tressée que l'on fait dans notre petite ville, il y a là une honnête marchande, j'ose le dire, qui serait heureuse et fière de montrer à la compagnie des pelotes, des paniers, des sandales, des boîtes et autres curiosités. »

Les yeux des enfants se tournèrent vers leur mère qui sourit, et le père fit entrer aussitôt la marchande de petits paniers.

Les enfants se précipitèrent autour de la hotte.

« Oh! papa, s'écria une petite fille blonde et rose, voici une paire de pantoufles qui vous iraient à merveille, je crois. Mais vous ne pourriez pas porter dehors des souliers de paille et les mettre à l'humidité.

— Non, mon enfant, mais ces pantoufles sont propres....

— Pour la poussière, miss, interrompit la marchande.

— Voulez-vous en acheter, papa?

— Non, je ne puis me passer cette fantaisie. Il Il faut que je m'impose des privations, dit-il en riant, pour me punir de mon étourderie. Et comme j'ai perdu une guinée ce matin, je dois essayer de sauver douze sous ce soir.

— Ah! oui, la guinée que vous avez jetée par mégarde dans le chapeau de la petite fille, lorsque la voiture gravissait le Mont-de-Craie. Maman, je trouve bien surprenant que la petite fille ne se soit pas aperçue que c'était une guinée, et qu'elle n'ait pas couru après la berline pour la rapporter. Il me semble que, si elle avait été honnête, elle n'aurait pas manqué de le faire.

— Miss! madame! monsieur! fit la marchande, si je ne craignais d'être indiscrète, je répondrais un mot à cela.... Il n'y a qu'un instant, un petit garçon et une petite fille sont venus demander un monsieur qui leur avait donné une guinée par mégarde. J'ai vu même le petit garçon remettre la guinée à un domestique qui prétendait que son maître lui avait recommandé de la prendre.

— Il y a une erreur ou une friponnerie dans tout ceci. Les enfants sont-ils partis? Je veux les voir.... Courez après eux.

— J'y vais moi-même, dit la marchande de petits paniers. Je leur avais dit de m'attendre dans la rue voisine, car je me défiais de cet homme.... avec ses alouettes et son vin clairet. »

Paul et Annette furent ramenés en toute hâte par leur amie la marchande. La petite, en entrant dans la salle, reconnut aussitôt le monsieur qui lui avait souri sur la route et jeté un sou dans son chapeau, en regardant son frère enrayer les roues. Mais était-ce ce monsieur qui lui avait donné une guinée au lieu d'un sou? c'est ce qu'elle ne pouvait affirmer.

« Mais moi, je reconnaîtrai bien si la guinée m'appartient ou non. Je l'avais marquée d'une croix ce matin avant de la mettre dans la poche de mon gilet. »

Il sonna et pria le garçon de dire à la personne qui était dans la salle voisine qu'il désirait lui parler.

« Le monsieur qui est dans le salon blanc? dit le garçon.

— Je veux dire le maître du domestique qui a reçu une guinée de cet enfant.

— C'est M. Pembroke, » répondit le garçon.

M. Pembroke vint, et, quand il eut appris ce qui était arrivé, il pria le garçon de le conduire immédiatement dans la chambre où son domestique était attablé.

Celui-ci était assis devant ses alouettes et son vin clairet. Il soupait tranquillement sans se douter de ce qui se passait dans le grand salon. Mais son couteau et sa fourchette tombèrent de ses mains; il renversa un verre de clairet et se leva de table, saisi de surprise et de crainte lorsqu'il se trouva en face de son maître.

« La guinée, monsieur, la guinée que vous avez prise à cet enfant, s'écria M. Pembroke d'une voix indignée; la guinée que je vous ai autorisé, prétendez-vous, à recevoir de ce jeune garçon? »

Le valet, confondu et à demi suffoqué, répondit qu'il avait plus d'une guinée sur lui, et qu'il ne savait pas ce qu'on voulait dire. Il tira son argent de sa poche et vida sa bourse sur la table d'une main tremblante. La guinée marquée d'une croix parut. Son maître la prit et le chassa sur-le-champ avec mépris.

« Et maintenant, mon honnête petite fille, dites-moi qui vous êtes et ce que vous et votre frère désirez le plus au monde. »

Paul et Annette répondirent tous deux à la fois:

« Ce que nous désirons le plus au monde, c'est une couverture pour notre bonne grand'maman.

— Elle n'est pas notre vraie grand'maman, ajouta Paul; mais, monsieur, elle est tout aussi bonne pour nous. Elle m'a enseigné à lire, elle fait tricoter ma sœur et nous apprend à tous les deux à être honnêtes comme elle. Je désire qu'elle ait une couverture neuve avant l'hiver, pour la garantir du froid et la préserver des rhumatismes. Elle en a eu un, monsieur, qui l'a bien fait souffrir l'hiver dernier, et je sais dans la rue la boutique où l'on trouverait une couverture qui ferait justement son affaire.

— Elle l'aura, mon brave petit. Mais je veux faire aussi quelque chose pour vous. Voyons, voulez-vous travailler ou rester à ne rien faire?

— Nous voudrions bien, ma sœur et moi, travailler sans relâche, monsieur; mais nous sommes obligés quelquefois de ne rien faire, parce que notre grand'maman n'a pas toujours de l'ouvrage à nous donner.

— Voudriez-vous apprendre à faire de ces jolis petits paniers de paille?

— Oh! oui, répondit Paul.

— Oh! oui, répondit à son tour Annette.

— Alors, je serais heureuse de vous apprendre comment on tresse la paille, dit la marchande de paniers; je suis sûre que vous vous conduiriez honnêtement avec moi. »

Le voyageur mit une guinée dans la main de la bonne femme, en lui disant qu'elle ne pouvait pas apprendre aux autres son métier pour rien.

« Je repasserai dans quelques mois par ici, ajouta-t-il, et je désire que vous soyez contente de vos apprentis. S'il en est ainsi, je ferai quelque chose pour vous.

— Mais, dit Annette, il faut aller dire tout cela à grand'maman, et lui demander si elle y consent. Et puis je crains qu'elle ne soit inquiète de nous, car il est déjà bien tard.

— Il fait un beau clair de lune, reprit la marchande, et la route est sûre. Je vais vous accompagner et vous conduire à la maison. »

Le voyageur les retint encore quelques minutes: jusqu'au retour d'un domestique qui était allé acheter la couverture tant désirée.

« Votre grand'maman reposera chaudement, je l'espère, sous cette bonne couverture, dit-il en la mettant sur l'épaule de Paul. Elle la doit à l'honnêteté de ses enfants adoptifs. »

Annette tendit son chapeau. (Page 107.)

LES ORPHELINS

Marie et ses sœurs virent entrer une vieille femme. (Page 145.)

LES ORPHELINS.

On voyait, il n'y a pas encore bien longtemps, près des ruines du château de Rossmore, en Irlande, une petite maison qu'avaient habitée jadis une veuve et ses quatre enfants. Tant que la veuve put travailler, elle soutint sa famille par son activité et par son adresse à filer, ce qui lui valait le surnom de la meilleure fileuse de la paroisse; mais les infirmités vinrent avec l'âge, elle tomba dangereusement malade et se vit obligée de donner son rouet à sa fille aînée, appelée Marie.

Marie était alors âgée de douze ans.

Un jour, Marie, assise près du lit de sa mère, faisait tourner le rouet. Son petit frère et ses deux sœurs attisaient le feu pour faire cuire leur souper qui se composait comme d'habitude de lait et de pommes de terre.

« Que Dieu prenne pitié de ces jeunes créatures, » dit la veuve en se soulevant sur son lit, et en songeant à ce que deviendraient ses enfants quand elle ne serait plus.

Marie avait arrêté son rouet, de crainte de fatiguer sa mère.

« Tu ne files plus, Marie? es-tu fatiguée?

— Oh! du tout, ma mère, je suis forte et bien portante.

— Comme moi jadis.

— Et comme vous serez encore, ma mère; la santé vous reviendra.

— La santé ne me reviendra jamais, c'est une folie de l'espérer. Mais j'ai l'espérance que vous trouverez des amis, quelque âme charitable qui viendra à votre secours. Et si vous les trouvez, ma chère Marie, c'est que, quoique pauvre, j'ai été toujours honnête ; j'ai fait pour les autres ce que j'aurais désiré qu'on fît pour moi. Imite-moi, ma chère enfant; sois bonne pour tout le monde, bonne surtout pour ces pauvres enfants, aussi bonne que moi, meilleure même, si cela est possible. »

Les enfants venaient de finir leur modeste souper. Ils s'approchèrent du lit de leur mère pour l'écouter ; mais fatiguée de parler, épuisée par la maladie et par la douleur, la veuve se renversa sur son oreiller, prit les petites mains de ses enfants dans les siennes et dit :

« Que Dieu vous bénisse, mes pauvres enfants; aimez-vous et soyez toujours unis. Bonne nuit, au revoir. »

Marie éloigna immédiatement les enfants du lit de sa mère, car elle voyait qu'il lui était impossible d'ajouter un seul mot. Elle ignorait cependant qu'elle fût en danger. La veuve n'avait jamais voulu parler à sa fille des embarras de sa situation; mais, à cette heure suprême, elle lui raconta qu'elle avait contracté quelques dettes, et une surtout qu'elle la chargea d'acquitter aussitôt qu'elle le pourrait : il s'agissait d'argent emprunté à la maîtresse d'école.

A la fin de la semaine, la veuve avait cessé d'exister. Les orphelins étaient seuls dans la petite maison.

Les deux plus jeunes étaient deux filles : Peggy et Nancy, âgées de six et huit ans. Edmond venait d'atteindre sa neuvième année. C'était un gros garçon fort, adroit, et tout disposé à travailler. Il allait chercher du gazon et le charriait dans une voiture. Il savait conduire les chevaux, et souvent il lui arrivait de mener à la campagne une famille de bourgeois qui lui donnaient pour sa peine douze, quinze ou vingt sous, suivant la longueur de la course. Edmond était ainsi, comme il le disait lui-même, en état de pourvoir à son existence. Il aidait Marie dans son travail et cherchait à se rendre chaque jour plus utile, se rappelant la recommandation que sa mère avait faite lorsqu'elle les avait bénis en joignant ensemble leurs petites mains.

Peggy et Nancy étaient trop jeunes pour s'occuper utilement ; c'étaient d'aimables enfants, et quand Marie considérait que leur avenir dépendait d'elle, elle prenait bien fermement la résolution de ne les laisser manquer de rien.

Le premier soin de Marie fut de payer les quelques dettes dont sa mère lui avait parlé. Elle dépensa ainsi tout l'argent qui lui avait été laissé. Lorsque le terme arriva, et qu'il fallut s'acquitter envers le propriétaire, les orphelins ne trouvèrent plus dans leur bourse une seule pièce de monnaie. Marie espérait que le propriétaire patienterait quelque temps ; mais elle fut promptement désabusée : M. Harvey habitait l'Angleterre et avait laissé ses pouvoirs à un homme d'affaires appelé Hopkins, dont la suite de cette histoire fera connaître le caractère M. Hopkins, huit jours après la mort de la veuve, signifia aux enfants qu'ils eussent à lui payer le prix du fermage, et à sortir ensuite de la petite maison qu'ils occupaient pour faire place à un nouveau locataire.

Les prières, les larmes, tout fut inutile. M. Hopkins se montra d'autant plus inexorable qu'il partageait la rancune que sa fille Alice conservait contre Marie, depuis que celle-ci avait refusé de lui donner sa chèvre. Ce refus était pourtant bien naturel, puisque les orphelins vivaient de son lait, et que sans elle ils n'auraient pas su comment faire pour s'en procurer.

Marie chercha dans les environs une cabane où ils pourraient s'abriter. Elle ne trouva que deux chambres et une cuisine dépendant des ruines du vieux château de Rossmore. Ces trois pièces étaient assez convenables, et M. Hopkins consentit à les leur louer au prix d'une demi-guinée par an.

Les orphelins y apportèrent deux lits, une table, des chaises, une caisse contenant leurs habits et un grand coffre dans lequel il y avait deux cents livres de farine.

Les voisins vinrent à leur secours en les aidant à

transporter leur chétif mobilier, et en leur faisant faire quelques travaux qu'ils récompensaient par des pommes de terre, du beurre ou de la farine.

Marie avait dû payer en entrant dans son nouveau logis une demi-guinée; c'était une partie de ce qui était dû à la maîtresse d'école. Désireuse de s'acquitter envers elle, mais forcée de prendre sur l'argent qu'elle lui réservait pour se loger, elle se crut obligée de lui offrir sa chèvre en payement. La maîtresse, dont la bonté était extrême, refusa de la recevoir, en lui disant qu'elle devait garder la chèvre pour nourrir sa petite famille, et que, pour elle, elle avait confiance en son bon vouloir, et pouvait attendre.

La petite famille vivait bien modestement. Marie filait neuf fuseaux par jour, Edmond retirait huit sous de son travail, et les deux petites filles, Nancy et Peggy, occupées à plier du papier dans une fabrique voisine, gagnaient chacune dans leur journée environ quatre sous.

Une année s'était écoulée depuis la mort de la veuve. Le jour anniversaire de cette catastrophe arriva : les orphelins allèrent déposer pieusement sur la tombe de leur mère une guirlande qu'ils avaient tressée à cette intention. Pendant leur saint pèlerinage, ils furent aperçus par deux jeunes filles qui sortaient du presbytère, et qui, émues de la douleur des quatre enfants, s'empres-

Les orphelins déposèrent une guirlande sur la tombe de leur mère. (P. 132.

sèrent de prendre des informations. La première personne à laquelle s'adressèrent Isabelle et Caroline (c'était le nom des deux jeunes filles) fut la maîtresse d'école. Elle leur raconta le malheur arrivé à ces orphelins, et leur recommanda de faire tout ce qu'elles pourraient pour cette intéressante famille. Elle leur apprit aussi comment ils avaient dû quitter la maison dans laquelle la mère était morte, et se résoudre à habiter des ruines abandonnées depuis longtemps.

Isabelle et Caroline se rendirent alors au château de Rossmore, et furent surprises de la propreté qui régnait dans les trois pièces qu'habitaient les orphelins. Edmond aidait un fermier du voisinage ; Marie filait, et les deux jeunes sœurs s'occupaient à mesurer des fèves de marais. Les deux jeunes filles adressèrent à Marie quelques questions, lui firent compliment sur la manière dont elle tenait sa maison, l'engagèrent à ne pas se décourager, et lui promirent de lui envoyer du lin et du coton pour tricoter des bas à l'usage des deux petites filles.

Marie se servit du lin qui lui fut ainsi envoyé pour faire quelques travaux d'aiguille ; elle les vendit, et put, avec le prix qu'elle en retira, acheter de la flanelle pour garantir du froid ses deux petites sœurs.

Le soir, avant de les coucher, Marie donnait à

Nancy et à Peggy une leçon de lecture et d'écriture, et Edmond prélevait une partie de ce qu'il gagnait pour payer un professeur qui lui apprenait les premiers éléments d'arithmétique. Marie savait tous les bienfaits que l'on retire de l'instruction, et elle n'avait garde de laisser ses sœurs et son frère dans l'ignorance.

Edmond était fort ingénieux, et son industrie remplaçait souvent les objets de première nécessité qui leur manquaient. L'hiver avec ses longues soirées était arrivé, et Marie n'avait pas de lumière pour travailler. Son frère, qui avait fait au mois d'août précédent une ample provision de joncs, se mit à les tresser, et les plongeant dans de la graisse fondue que lui avait donnée son voisin, il réussit à faire des chandelles d'une nouvelle espèce.

Un soir qu'il était occupé à allumer sa chandelle, un homme entra. C'était un valet de pied qui était envoyé par Isabelle pour apporter de l'ouvrage à Marie. Il remarqua l'invention d'Edmond, et, comme il n'avait jamais rien vu de pareil, il ne put s'empêcher de louer l'ouvrier intelligent qui en était l'auteur. Edmond, tout glorieux d'une approbation si désintéressée, prit aussitôt quelques morceaux de joncs, tressa une chandelle devant Gilbert (tel était le nom du nouveau venu), et le pria de l'accepter.

Gilbert sut bientôt reconnaître ce bon procédé. Lorsque son maître avait besoin de quelqu'un pour faire une course, il prévenait Edmond; et comme cela lui arriva souvent, il fut à même d'apprécier le bon caractère de son jeune ami, et de se féliciter d'avoir rencontré un aussi bon et aussi fidèle serviteur. Sa véracité se trouva une fois mise à l'épreuve. Edmond avait été au loin porter une lettre. Lorsqu'il revint, la nuit était sombre, l'heure avancée, et jugeant que sa sœur pouvait être inquiète de ne pas le voir rentrer, il se détourna de son chemin et rentra au château de Rossmore avant de porter la réponse à Gilbert. On l'avait aperçu; mais lorsqu'on lui demanda s'il était revenu en droite ligne, il répondit que non, donna le motif de sa conduite, et dès lors on eut en lui pleine et entière confiance.

Les orphelins continuèrent à s'entr'aider dans leur travail, chacun suivant la mesure de ses forces. Grâce au travail de Marie et d'Edmond et même à celui des deux petites Peggy et Nancy, la famille vécut pendant trois ans dans une sorte d'aisance. Isabelle et Caroline les visitaient souvent, et trouvaient toujours moyen de leur donner des robes, du fil et du lin pour tricoter. Nos orphelins ne comptaient pas sur ces cadeaux, et, quoique heureux de les recevoir, ils surent ne pas en abuser.

Quand Edmond atteignit sa douzième année, Gilbert l'envoya chercher et lui dit que son maître avait besoin d'un domestique, et qu'il l'avait chargé d'en chercher un dans le voisinage.

« Plusieurs garçons, lui dit-il, se sont présentés, mais je n'ai eu garde de les arrêter. Je vous connais depuis assez longtemps pour savoir qu'on peut compter sur vous, et je viens vous chercher. »

Edmond entra donc au service du père d'Isabelle et de Caroline.

Ce nouveau genre de vie lui plut beaucoup; il était bien nourri, bien vêtu, bien logé. Chaque jour il prit goût à son travail, et devint bientôt apte à faire tout ce que Gilbert demandait.

Habitué à marcher pieds nus, il éprouva dans le commencement des difficultés réelles à mettre ou plutôt à garder des souliers et des bas. Il marchait avec embarras, et excitait l'hilarité des autres domestiques; aussi sa sœur Marie, à qui il s'empressa de raconter ses tourments, se mit en mesure de lui faire avec des semelles de chanvre tressé une paire de pantoufles, avec lesquelles il put marcher tout à son aise. Il mettait ses pantoufles en rentrant, laissait ses souliers à la porte et les autres domestiques, voyant que ses chaussures étaient toujours propres et qu'il n'y avait aucune trace de boue sur les escaliers, lui en firent l'observation et admirèrent les pantoufles que Marie avait tressées.

La femme de chambre d'Isabelle en commanda aussitôt une paire ; mais, au lieu de faire la semelle avec du chanvre, Marie la tressa avec des cordes d'emballage, ce qui fut plus solide, plus élégant, et d'une durée égale aux semelles de cuir que l'on met aux souliers.

La femme de chambre s'empressa de les montrer à sa jeune maîtresse, qui, toute heureuse de l'intelligence et de l'adresse de Marie, s'entendit avec sa sœur et commanda deux douzaines de pantoufles pareilles. Elle envoya à Marie de la futaine pour les doubler et du cordonnet pour les border.

L'ouvrage terminé, les deux sœurs vendirent les pantoufles et en eurent trois schellings la paire. Elles se rendirent aussitôt aux ruines du château de Rossmore, trouvèrent la petite famille occupée aux travaux du ménage, et donnèrent à Marie le prix de son travail. Elles l'engagèrent à continuer à faire ce commerce, et lui dirent que cette chaussure plairait beaucoup et qu'elle pourrait facilement la vendre aux marchands de Dublin.

Encouragée par ses bonnes amies, Marie donna à sa petite manufacture tout le développement possible. Nancy et Peggy tressaient les cordes ; Edmond, qui venait passer une heure avec ses sœurs tous les matins, battait les semelles, et Marie ajustait le tout et donnait la dernière main à la fabrication.

Le travail ne manqua pas : tous les voisins, puis tous les marchands d'alentour vinrent en commander. Marie profita de ce premier moment de fortune pour s'acquitter envers la maîtresse d'école, et lui donna, pour la remercier de ses bontés, une jolie paire de pantoufles ornée de faveurs roses.

Les écoliers admirèrent d'abord la nouvelle chaussure de leur maîtresse, puis ils demandèrent dans quel endroit on les tressait. Quand ils surent que c'était au château de Rossmore, ils s'y rendirent pendant leurs heures de récréation, et quelques-uns d'entre eux prirent bientôt plaisir à travailler dans la petite manufacture, soit en tressant les cordes, soit en battant les semelles, soit en coupant la doublure ou le cordonnet.

Un jour qu'Edmond aidait ses sœurs dans leur travail, un jeune garçon, appelé Georges, entra et dit :

« Il faut que je me lave les mains. Je me suis tant dépêché pour venir ici que je n'ai pas pris le temps de terminer ma toilette. Voudriez-vous, s'il vous plaît, me donner ce qu'il me faut pour cela ? »

Et, pendant qu'il se lavait, deux de ses camarades vinrent le chercher pour faire des bulles de savon.

Quelques minutes s'étaient à peine écoulées, qu'ils entendirent un craquement épouvantable. Saisis d'épouvante, ils se rendirent aussitôt dans la grande chambre où travaillaient les orphelins, et leur demandèrent s'ils n'avaient rien entendu.

« Il me semble, dit Marie, avoir entendu un coup de tonnerre; mais pourquoi êtes-vous donc si effrayés? »

Et au même moment un second coup se fit entendre. Edmond sortit pour voir quelle était la cause de ce bruit étrange, et ne tarda pas à s'apercevoir que deux pans de cheminée venaient de s'écrouler.

La partie du château que les orphelins habitaient était bien construite et ne risquait pas de tomber, à ce que prétendait Edmond; mais les enfants, saisis de terreur à la pensée de voir la maison s'écrouler tout entière, s'enfuirent à toutes jambes. Edmond, qui était un courageux enfant, ne put s'empêcher de rire de leur poltronnerie; mais Marie, qui avait plus de prudence que son frère. le conjura de s'en rapporter à un maçon. Celui qui travaillait pour le propriétaire vint aussitôt. Il partagea les appréhensions de Marie et l'engagea fortement à chercher une autre demeure.

Sans perdre de temps la jeune fille se dirigea du côté de l'habitation d'Isabelle, cherchant ainsi à se rapprocher de son frère. Elle ne trouva qu'une seule maison, nouvellement bâtie, appartenant à M. Harvey. Le loyer était de six guinées, et c'était beaucoup trop cher pour Marie, dont les ressources ne lui permettaient pas de mettre plus de trois guinées à son logement. Elle aurait bien cherché à entrer en arrangement avec le propriétaire, mais elle savait d'avance que son homme d'affaires, M. Hopkins, ne voudrait consentir à rien ; elle descendit donc jusqu'au bout du village, espérant toujours trouver un logement à meilleur marché. Ce fut en vain ; il n'y en avait pas. Edmond offrit alors de payer sur ses économies une guinée, et Gilbert demanda qu'on lui permît de s'établir dans une partie de la maison, en promettant de se joindre à eux pour payer le loyer ; mais Marie ne voulut pas imposer cette charge à son frère, ni mettre la bonne disposition de Gilbert à contribution, et refusa leurs offres.

Elle revint tristement au château, et dit à ses sœurs en les voyant :

« Mauvaise nouvelle, Peggy ; mauvaise nouvelle Nancy.

— Et mauvaise nouvelle pour vous aussi, répondirent les deux sœurs en même temps.

— Qu'est-il donc arrivé ?

— Notre pauvre chèvre est morte.

— Morte! et comment?

Elle était couchée ce matin de ce côté des ruines, et elle a été atteinte par une pierre; nous avons voulu la relever, mais nous n'avons pas pu: elle est si lourde!

— Hélas! dit Marie en soupirant.

— Betsy, un des enfants du voisinage, nous a dit qu'il l'a vue ce matin tout près des ruines, et qu'elle a été frappée par un des pans de cheminée qui se sont écroulés.

— Pauvre bête! qui nous a rendu tant de services. « Et Marie, se laissant aller à son chagrin, versa d'abondantes larmes.

Les orphelins se dirigèrent du côté où gisait sans mouvement la chèvre bien-aimée, et comme ils soulevaient quelques-unes des pierres placées près de son corps, Nancy aperçut une pièce de monnaie qui brillait comme de l'or, mais qui ne ressemblait ni à un sou, ni à un écu, ni à un louis.

« Il y en a encore, il y en a beaucoup, » s'écria Peggy en découvrant un pot de fer qui en était rempli.

Edmond examina les pièces de près et s'écria tout joyeux:

« Oh! Marie! Marie! cela nous arrive juste à temps, nous pourrons maintenant payer la maison; jamais nous n'avons été si riches. »

Mais Marie observa qu'il ne fallait pas toucher au trésor ; que, suivant les règles de la justice, il appartenait au propriétaire du château, et qu'il fallait le lui porter. Les enfants se soumirent, et le lendemain ils cheminaient vers la demeure de M. Hopkins. En passant devant la cure, ils entrèrent, et firent voir à Isabelle et Caroline ce qu'ils avaient trouvé.

Isabelle, qui avait reçu une brillante éducation, et dont les connaissances étaient fort étendues, alla chercher de l'eau régale (on appelle ainsi un mélange de deux acides qui dissout l'or), et s'aperçut bientôt que les médailles étaient du plus grand prix.

Caroline les regarda à son tour avec curiosité, et ne tarda pas à reconnaître que ces médailles se rapportaient au règne d'Henri VII, et qu'elles étaient précieuses au point de vue de l'histoire d'Angleterre. Sitôt qu'elles furent sûres de la valeur réelle du trésor trouvé par les orphelins, les deux jeunes filles cherchèrent à prendre toutes les précautions nécessaires pour que M. Hopkins ne le détournât pas. Elles firent à chaque pièce une marque invisible à l'œil nu, mais qu'on distinguait parfaitement à l'aide d'une loupe. Elles prièrent ensuite leur père d'écrire à M. Harvey, et de lui dire que ce trésor pouvait être évalué à trente ou quarante guinées environ.

Quelques jours après la chute des cheminées du château de Rossmore, Marie et ses sœurs, occupées à leur travail habituel, virent entrer une vieille femme, coiffée d'un mouchoir, un panier sous le bras, et s'aidant d'un bâton pour marcher. Elle avait une longue pipe à la bouche, sur les épaules deux mouchoirs bleus et rouges, point de bas, de mauvais souliers, et une jupe qui lui venait à mi-jambes. Cette vieille femme avait reçu le surnom de mère Tâtonneuse, parce que depuis longues années elle avait l'habitude de fouiller toutes les ruines et tous les fossés du voisinage, espérant y découvrir un trésor. Elle avait entendu dire dans sa jeunesse qu'une ancienne prophétie annonçait qu'à vingt milles à la ronde on trouverait un trésor caché sous terre, quelques jours avant la Saint-Patrice.

Cette prophétie avait produit sur elle une singulière impression. Persuadée qu'elle devait se réaliser, et que le trésor serait trouvé par la personne qui le chercherait le plus, elle passait tout son temps à courir, vendant au fur et à mesure son mobilier et sa garde-robe, se consolant de son dénûment en songeant au trésor qui devait être trouvé à vingt milles à la ronde. On lui donnait de temps en temps quelques pièces de monnaie; mais elle était si paresseuse, si indolente, que sa misère augmentait chaque jour. C'est alors qu'elle prit l'habitude de boire et de chercher dans l'usage des liqueurs fortes une espèce de consolation à ses désappointements continuels.

La mère Tâtonneuse approchait cependant de sa soixantième année sans avoir jamais eu un jour de bonheur. Elle n'avait pas un lit pour se coucher, pas un toit pour s'abriter, pas un morceau de pain pour manger. Elle vivait de la charité publique, et espérait plus du hasard que de son courage et de son activité.

« Marie, dit-elle, donnez-moi une pomme de terre et quelque autre chose. Je n'ai rien pris ce matin.

— Rien du tout?

— Mais non, rien qu'un verre d'eau-de-vie et pour un sou de tabac. »

Marie lui donna aussitôt du lait et la plus grosse de ses pommes de terre; elle était désolée de voir une femme si âgée réduite à une pareille condition. La vieille disait qu'elle aimait mieux l'eau-de-vie que le lait; mais Marie n'en avait pas à lui donner. Alors elle prit son parti, s'assit en grommelant, près du foyer, et après un moment de silence:

« Qu'avez-vous fait, dit elle, du trésor que vous avez trouvé?

— Nous l'avons porté à M. Hopkins, répondit Marie.

— Ce n'est pas moi qui aurais fait cette sottise, reprit la vieille. Quand la fortune vient à nous, il faut savoir profiter de l'occasion. Au reste, je vais chercher dans le château, je vais tout bouleverser jusqu'aux fondations : car je suis sûre qu'il y a un autre trésor, et je ne serais pas fâchée de mettre la main dessus. »

Marie fut très-alarmée; elle pensait à l'accident qui était arrivé le matin, et aux dangers qu'ils couraient s'ils laissaient la vieille femme exécuter son projet.

« Mais vous n'y pensez pas, lui dit-elle. Ce château est dans un tel état de vétusté qu'il pourrait s'écrouler si vous touchiez aux fondations.

— Oh! n'ayez pas peur, je prendrai mes précautions.

— Et puis, qu'est-ce qui peut vous faire supposer qu'un second trésor?...

— Je suis sûre, vous dis-je, qu'il y en a un second. »

Et mettant ses mains sur ses hanches et élevant la voix, elle déclara qu'elle allait commencer ses recherches, que les orphelins ne l'en empêcheraient pas, et que, s'ils voulaient résister, ils apprendraient à qui ils avaient affaire.

« Et combien voulez-vous que je vous donne pour ne pas chercher le trésor?

— Un écu; je m'en contenterai. »

Marie donna l'écu dans l'espoir d'être débarrassée de la mère Tâtonneuse ; mais elle se trompait. La semaine n'était pas écoulée que la vieille revint lui demander de l'argent pour son tabac et pour son eau-de-vie. Puis elle revint tous les jours, et la pauvre Marie, n'y pouvant plus suffire, s'écria :

« Jusqu'à présent, la découverte de ce trésor n'a pas été un grand bonheur pour nous, bien au contraire, et je désirerais de tout mon cœur que nous ne l'eussions jamais trouvé. »

Marie, à ce moment, ne se doutait pas des ennuis que lui préparait M. Hopkins. Le mandataire de M. Harvey s'imaginait que la découverte du trésor n'était connue que de lui et des orphelins, et il résolut de se l'approprier entièrement. Il fut vivement surpris quelques semaines après de recevoir une lettre de M. Harvey qui lui demandait des renseignements à ce sujet. M. Hopkins répondit que le trésor n'avait aucune valeur, que les pièces n'étaient point des médailles historiques, qu'elles n'appartenaient pas plus au règne d'Henri VII qu'à tout autre, et que, pour le métal, ce n'était ni de l'or ni de l'argent. Enfin le prétendu trésor n'était qu'une bagatelle indigne d'attirer l'attention.

M. Harvey répondit à son tour, en rappelant les circonstances, les moyens employés pour s'assurer que les pièces étaient en or, et demanda expressément qu'une enquête fût faite. Mais M. Hopkins n'était pas homme à se laisser prendre si facilement ; il soutint que les pièces remises entre ses mains n'avaient aucune valeur, et que, si le trésor trouvé se composait de pièces d'or, les orphelins les avaient changées avant de les apporter chez lui.

Marie, son frère et sa sœur demeurèrent stupéfaits d'une semblable accusation.

« Il ne se rappelle pas, disait Peggy.

— Il faut aller le trouver, ajoutait Nancy.

— Ne nous occupons pas de lui, disait Edmond ; c'est un méchant homme ! Il sait parfaitement ce qui s'est passé et il nous accuse à tort ; mais nous avons la conscience tranquille, nous sommes honnêtes : n'importe ce qu'il peut dire de nous ?

— C'est vrai, répondit Marie ; mais notre réputation en souffrira peut-être.

— Ne crains rien, chère sœur ; tout le monde sait que nous sommes honnêtes, et les accusations de M. Hopkins ne persuaderont personne. »

Mais Edmond se trompait. M. Hopkins fit un grand bruit de cette affaire et prit soin que les journaux la rapportassent comme il le désirait, qu'on en parlât dans les cercles, dans les cafés, dans toutes les réunions, et que tous ceux qui ne connaissaient pas les orphelins les considérassent comme des voleurs à qui on voulait épargner la honte d'une condamnation judiciaire.

Ceux-là mêmes qui connaissaient les orphelins, circonvenus par M. Hopkins ou par ses amis, déclaraient que le régisseur avait raison, et donnaient ainsi aux accusations portées contre les enfants un certain caractère de véracité.

Le scandale produit par M. Hopkins n'arriva pas jusqu'à la petite famille, qui vivait toujours retirée dans les ruines du château; mais un jour Marie se rendit à une foire du voisinage pour vendre les produits de la petite manufacture, et, sur le point de conclure le marché, elle donna son nom à l'acquéreur.

« Oh! oh! ma petite, je ne veux avoir rien de commun avec vous. Je connais votre nom depuis longtemps. Je ne traite pas avec des gens qui se sont emparés du trésor qu'ils ont trouvé à Rossmore. »

Marie eut beau raconter de point en point ce qui s'était passé; son caractère n'était pas connu, et on lui répondit ce que M. Hopkins avait eu soin de faire répandre : « Vous avez gardé les pièces d'or et les avez remplacées par d'autres pièces sans valeur. »

La jeune fille s'en retourna toute confuse, ne sachant à quoi attribuer la répulsion dont elle paraissait être l'objet; et se consolant de ses chagrins, en pensant aux deux amis qui connaissaient son honnêteté et avaient promis de ne pas l'abandonner.

Isabelle et Caroline étaient en effet persuadées de l'honnêteté des orphelins; mais elles n'avaient pas entre les mains la preuve matérielle qui seule pouvait faire tomber les accusations dont on les entourait. M. Hopkins soutenait n'avoir jamais vu de pièces d'or et les deux amies étaient quelquefois blâmées de la protection qu'elles accordaient aux orphelins.

Ceux-ci se trouvèrent bientôt dans une position critique; leurs protectrices partirent pour Dublin, et ils furent obligés de rester dans les ruines du château, exposés aux plus grands dangers.

Un soir que Marie venait de se coucher, elle entendit frapper à la porte, et une voix crier :

« Marie, Marie, ouvrez-nous. »

C'était Betsy Green, la fille du maître de poste qui habitait le village voisin.

« Donnez-moi six sous, reprit Betsy, et je vous donnerai cette lettre. C'est une lettre qui vient d'arriver pour vous, et que je vous ai apportée en courant, pensant que vous seriez contente de l'avoir. Elle est de votre frère. »

Peggy et Nancy se levèrent aussitôt et vinrent se

placer près de leur sœur pour écouter la lecture de la lettre d'Edmond. Cette lettre était ainsi conçue :

« Ma chère Marie, chère Nancy et petite Peg.

« De la joie ! de la joie ! Je sais la vérité à la fin, et nous allons pouvoir nous justifier. Je ne puis pas vous dire maintenant comment nous avons découvert la vérité ; mais, la semaine prochaine, nous irons (que Dieu protége mon maître, ma maîtresse, les deux jeunes filles, Gilbert et moi !) passer les fêtes de Noël au village, et je vous dirai tout. Ce sera une joyeuse fête, je vous assure, pour ceux qui sont honnêtes, mais non pas pour les misérables qui ont cherché à nous faire du mal. Bon espoir, portez-vous bien et à bientôt.

« Votre joyeux et affectionné frère,

« EDMOND. »

Pour comprendre la joie d'Edmond, il faut savoir ce qui s'était passé à Dublin depuis qu'Isabelle et Caroline y demeuraient.

Les deux jeunes filles étaient allées un jour visiter, avec leur père et leur mère, la bibliothèque d'un riche personnage qui faisait collection de tous les objets rares et curieux qu'il rencontrait. Sachant que le père de Caroline et d'Isabelle avait beaucoup étudié les antiquités, il s'empressa de lui montrer un tiroir rempli de médailles qu'il avait achetées à un haut prix. Les deux jeunes filles reconnurent aussitôt les médailles trouvées par les orphelins au château de Rossmore. Elles racontèrent alors l'histoire de ces médailles, et le riche personnage fit appeler le brocanteur qui les lui avait vendues. Il refusa d'abord de dire d'où il les tenait, prétextant qu'il avait promis le secret, puis il dit les tenir d'un individu qui avait quitté l'Irlande. Enfin, sur la menace qu'on lui fit de l'accuser lui-même de recel, il avoua la vérité ; mais ses renseignements étaient insuffisants, car il ne connaissait pas le nom de la personne qui les lui avait vendues.

M. Hopkins était alors à Dublin. Le brocanteur fut conduit dans le comptoir de la banque, où le père de Caroline savait que le régisseur devait se rendre. M. Hopkins arriva en effet, et il fut reconnu, de sorte que l'on put constater l'innocence des orphelins et l'infidélité du régisseur.

On écrivit aussitôt au propriétaire, M. Harvey, qui, par le retour de la poste, révoqua son mandataire et remercia les orphelins de leur honnêteté. Il voulut récompenser la petite famille, et donna des ordres pour qu'elle fût logée dans une de ses maisons, sans avoir de loyer à payer. Il s'en rapporta pour tout cela aux soins de Caroline et d'Isabelle.

Telle était la bonne nouvelle qu'Edmond annonçait à ses sœurs.

Tous les voisins partagèrent la joie de ces honnêtes enfants, et le jour où la petite famille quitta le château de Rossmore pour entrer dans un logement préparé à l'avance fut dans le village un véritable jour de fête. Il n'y eut que de la joie sans aucun mélange d'envie : chacun savait que la prospérité qui arrivait aux orphelins était due à leur bonne conduite. La mère Tâtonneuse cependant faisait exception ; elle disait avec chagrin :

« Quel malheur ! quel malheur que je ne sois pas venue plus tôt dans le château ! Le hasard m'aurait favorisée, car dans le monde tout n'est que hasard. Voyez ces enfants : parce qu'ils ont trouvé un trésor, ils ont des amis, un beau logement, enfin tout ce qu'il faut : tandis que moi, je n'ai pas seulement une pomme de terre à manger. J'ai passé ma vie à chercher le trésor, et je n'ai pas un sou pour acheter du tabac et de l'eau-de-vie.

— Et c'est bien fait, répondit Betsy ; Marie avait deux jeunes sœurs sur les bras, et un frère qui pouvait travailler à peine ; elle les a élevés pendant cinq ans, et aujourd'hui, grâce à son économie, elle a encore de l'argent devant elle. Elle a travaillé, elle n'a pas cru au hasard ; tandis que vous.....

— Bah ! bah ! je sais bien qu'ils ont trouvé un trésor et que leur prospérité ne date que de là.

— Du tout, la maison qu'ils occupent leur a été donnée *en récompense de leur honnêteté*. Telles sont les expressions de la lettre de M. Harvey, le propriétaire; Edmond me l'a montrée, et chacun a pu voir comme moi que ce n'est pas *le hasard*, mais *l'honneur*, qui a été la cause de la libéralité de M. Harvey.

Notre pauvre chèvre est morte. (Page 143.)

PARDON ET OUBLI

Maurice enleva la terre.... (Page 164.)

PARDON ET OUBLI.

Un jardinier des environs d'un port de mer de l'ouest de l'Angleterre avait un fils, nommé Maurice, qu'il aimait avec une vive tendresse. Un jour, il l'envoya à la ville voisine pour acheter des graines dont il avait besoin. Quand Maurice arriva chez le grènetier, la boutique était pleine d'acheteurs impatients. Maurice attendit près du comptoir que quelqu'un eût le temps de s'occuper de lui. Enfin, quand toutes les personnes qui se trouvaient dans la boutique furent servies, le maître de la maison se tourna de son côté et lui dit:

« Et vous, mon petit ami, que vous faut-il ?

— Il me faut toutes ces graines, répondit Maurice en remettant une liste entre les mains du marchand. Puis il ajouta : Mon père m'a donné de l'argent pour payer le tout. »

Le grènetier chercha les graines que Maurice demandait, et se disposait à les envelopper, quand tout à coup un homme aux manières brusques, à la physionomie rude, entra en s'écriant :

« Les graines que j'ai commandées sont-elles prêtes ? Le vent est bon, elles devraient être à bord depuis hier. Et mon vase de Chine, est-il emballé et expédié ? où est-il ?

— Il est là sur la tablette au-dessus de votre tête, monsieur, répondit le grènetier ; il est en sûreté, vous le voyez, mais nous n'avons pas encore eu le temps de l'emballer ? nous le ferons aujourd'hui, et nous allons nous occuper de vos graines tout à l'heure.

— Tout à l'heure ! occupez-vous-en sur-le-champ ; ces graines ne s'emballeront pas toutes seules. Allons, dépêchons-nous ?

— Tout à l'heure, monsieur, dès que j'aurai terminé le paquet de cet enfant,

— Eh ! que m'importe le paquet de cet enfant ? il a le temps d'attendre et je ne l'ai pas : la marée et le vent n'attendent personne. Tenez, mon ami, prenez votre paquet et partez, » dit l'homme impatient. Et, en disant ces mots, il enlevait le pa quet de graines de dessus le comptoir, pendant que le marchand se baissait afin de prendre du fil pour l'attacher.

Malheureusement, les graines n'étaient pas parfaitement enveloppées. Le papier s'ouvrit, et tout roula sur le plancher.

L'étranger se mit à jurer ; mais Maurice, sans manifester la moindre humeur, s'occupa tranquillement de ramasser ses graines. Pendant ce temps notre homme se faisait servir et il expliquait ce qu'il lui fallait, quand un matelot entra dans la boutique :

« Capitaine, dit-il, le vent vient de changer ; on dirait que nous allons avoir du mauvais temps.

— Eh bien ! tant mieux, je suis enchanté de rester un jour de plus à terre, j'ai assez de besogne sur les bras. »

A ces mots, il se dirigea vers la porte. Maurice en ce moment était agenouillé sur le plancher et ramassait ses graines éparses. Il s'aperçut que le pied du capitaine se trouvait embarrassé dans un bout de ficelle qui tenait à la tablette sur laquelle était posé le vase de porcelaine. Un pas de plus, et le capitaine allait faire tomber le vase. Maurice saisit l'étranger par la jambe et s'écria :

« Ne bougez pas, vous allez briser le vase. »

Le marin s'arrêta. Il vit que la ficelle s'était en effet accrochée à la boucle de son soulier et qu'il avait failli tout entraîner avec lui.

« Je vous suis bien obligé, mon petit ami, dit-il. Vous venez de me sauver là un objet que je ne voudrais pas détruire pour dix guinées, car je le destine à ma femme. Je l'ai apporté de bien loin, et j'eusse été désolé de le briser ici après l'avoir débarqué sans accident. Oui, je vous en suis d'autant plus obligé, mon ami, que vous me rendez le bien pour le mal. Je suis désolé d'avoir fait tomber vos graines. Vous avez un bon cœur et pas de rancune. »

Puis se tournant vers le marchand : « Veuillez m'aveindre ce vase. »

Le vase fut aveint avec précaution; le capitaine enleva le couvercle et retira quelques oignons de tulipes.

« Je suppose, d'après la quantité de graines que vous achetez, que vous êtes chez un jardinier, dit-il à Maurice. Aimez-vous le jardinage?

— Oui, monsieur, beaucoup, répondit l'enfant; mon père est jardinier, il me permet de l'aider, et il m'a donné un petit parterre pour moi seul.

— Eh bien, voilà une couple d'oignons de tulipes pour vous, et je vous promets que, si vous en prenez soin, vous aurez dans votre jardin les plus belles tulipes de l'Angleterre. Elles m'ont été

Ne bougez pas; vous allez briser ce vase! (Page 161.)

données par un marchand hollandais. Il m'a assuré qu'elles étaient de l'espèce la plus rare de Hollande. Elles pousseront bien chez vous, j'en suis sûr, si le vent et la pluie ne viennent pas les contrarier. »

« Maurice remercia le capitaine et retourna à la maison, impatient de faire voir ses précieux oignons à son père. Ensuite, son premier soin fut de courir chez un de ses amis nommé Arthur, qui était le fils d'un pépiniériste du voisinage. Les jardins des deux amis n'étaient séparés que par une muraille très-basse, en pierres mal jointes.

« Arthur! Arthur! cria Maurice, où es-tu? j'ai besoin de toi! »

Mais Arthur ne répondit rien et n'accourut pas comme d'habitude. « Ah! je sais où tu es, ajouta Maurice, et je serai près de toi aussi promptement que les framboisiers me le permettront. J'ai de bonnes nouvelles à t'annoncer, j'ai quelque chose de beau à te montrer. Tu verras cela avec bien du plaisir, Arthur!... Mais voici quelque chose que je ne vois pas avec plaisir, moi. »

Après avoir traversé les framboisiers, il se trouvait dans son jardin et voyait sa cloche, sa cloche bien aimée, sous laquelle des concombres poussaient d'une façon si luxuriante, son unique cloche enfin, mise en morceaux.

« J'en suis bien fâché, dit Arthur qui se tenait

de l'autre côté du mur debout appuyé sur sa bêche ; je craignais que tu ne te misses en colère contre moi.

— Quoi ! c'est toi qui as brisé ma cloche ? comment as-tu donc fait ?

— Je jetais de mauvaises herbes et des débris par-dessus la muraille, et par malheur il en est tombé sur ta cloche. »

Maurice enleva la terre et l'herbe qui étaient tombées sur ces concombres à travers le verre cassé. Il les contempla pendant un instant en silence.

« O mes pauvres concombres ! vous allez mourir maintenant. Je verrai bientôt vos belles fleurs jaunes fanées ; mais c'en est fait. C'est un malheur irréparable. Ainsi, Arthur, n'en parlons plus.

— Tu es bien bon, je croyais que tu te serais fâché. Je suis sûr que moi, à ta place, j'eusse été bien en colère en ce moment.

— Pardonner et oublier, comme dit mon père, c'est la meilleure manière d'agir. Tiens, regarde ce que je t'apporte. »

Ici Maurice raconta à Arthur son aventure avec le capitaine ; comment ses graines avaient été jetées à terre ; comment il avait préservé de la destruction le vase de porcelaine, et comment les oignons de tulipe lui avaient été donnés. Il termina son récit en offrant un des précieux oignons à Arthur, qui l'accepta avec une grande joie, et ne cessait de répéter :

« Comme tu es bon de ne pas m'en vouloir d'avoir brisé ta cloche ! Je suis vraiment plus désolé de ce malheur que si tu t'étais mis en colère contre moi. »

Ensuite Arthur s'occupa de planter son oignon, Maurice, pendant ce temps, examinait les couches qu'avait préparées son camarade, et les plantes qui croissaient dans le jardin.

« C'est singulier, dit Arthur, on dirait que tu prends autant de plaisir à voir s'embellir mon jardin que s'il t'appartenait. Je suis bien plus heureux depuis que mon père est venu demeurer ici et qu'il nous est permis de travailler et de jouer ensemble. Car tu sais qu'autrefois j'étais à la maison avec un cousin qui me tourmentait sans cesse. Il n'était pas de beaucoup aussi bon que toi. Il ne prenait jamais plaisir à regarder mon jardin. Il ne trouvait jamais que je fisse rien de bien. Il ne me donnait jamais rien de ce qu'il avait. Aussi je ne l'aimais pas. Mais je crois que cela rend malheureux de détester quelqu'un. Je sais bien que je n'ai jamais trouvé de plaisir à me quereller avec lui, tandis qu'avec toi je me trouve très-heureux. Maurice, nous ne nous querellerons jamais. »

Quel bienfait pour tout le monde si chacun

était convaincu que le bon accord vaut mieux que les querelles, et surtout si l'on suivait partout la maxime de Maurice : « Pardonner et oublier ! »

Le père d'Arthur, M. Oakly le pépiniériste, était un homme très-susceptible, et, quand il pensait que quelques-uns de ses voisins l'avaient désobligé, il était trop fier pour leur demander une explication. C'est ce qui faisait qu'il se trompait souvent dans ses jugements sur le compte d'autrui. Il s'imaginait montrer de l'esprit en gardant le souvenir et le ressentiment d'une injure. Aussi, quoique ce ne fut pas un méchant homme, ses fausses idées l'avaient quelquefois amené à commettre de méchantes actions. « Ami dévoué et cruel ennemi, » était une de ses maximes, et il avait plus d'ennemis que d'amis. Il n'était pas fort riche, mais il était orgueilleux, et son proverbe favori était : « Mieux vaut faire envie que pitié. »

Quand il s'établit auprès de M. Grant le jardinier, il éprouva d'abord de l'antipathie pour ce voisin, parce qu'on lui avait dit que M. Grant était Écossais. Or, M. Oakly était tout plein de préjugés contre les Écossais. Il les croyait rusés et avares, parce qu'il avait une fois été dupé par un colporteur de ce pays.

Les manières franches de Grant dissipèrent jusqu'à un certain point cette prévention. Mais, néanmoins, Oakly se dit toujours intérieurement que la politesse, l'urbanité de Grant n'étaient que de l'ostentation, et qu'un Écossais ne pouvait pas être un ami sincère comme un véritable Anglais.

Grant possédait de fort belles framboises. Elles étaient si grosses qu'on les venait voir par curiosité ; aussi, dans la saison, beaucoup d'étrangers qui prenaient des bains de mer à la ville voisine venaient-ils admirer ces framboises, qu'on avait nommées framboises de Brobdignac.

« Dites-moi, je vous prie, voisin Grant, comment pouvez-vous obtenir d'aussi merveilleuses framboises ? demanda un soir M. Oakly au jardinier.

— Oh ! ceci, c'est un secret, répondit Grant en souriant

— Si c'est un secret, je n'ai plus rien à dire, car je ne cherche jamais à pénétrer les secrets qu'on ne veut pas me confier; mais je voudrais bien, voisin Grant, que vous missiez de côté ce livre que vous tenez. Vous avez toujours les yeux plongés dans quelque livre, chaque fois qu'on vient vous voir, et cela, selon moi, simple et ignorant anglais, n'est ni très-poli, ni de bien bon voisinage. »

M. Grant ferma rapidement son livre, mais par un regard il avertit son fils que c'était dans ce livre qu'il trouvait le secret de ses framboises de Brobdignac. Il n'avait pas été sans s'apercevoir du ton d'impertinence de son voisin. Il se garda de le contredire, et, comme il lisait souvent la Bible, il savait que « Une douce parole apaise la colère; » aussi répondit-il avec calme :

« Je vous entends, voisin Oakly. Il est probable que votre pépinière va vous rapporter beaucoup d'argent cette année; eh bien ! buvons à la pépinière, et en même temps à votre semis de mélèzes, qui ne viennent pas mal non plus, je crois.

— Merci, voisin, merci ? mes mélèzes viennent assez bien, en effet. A votre santé, monsieur Grant, et à ce que vous appelez vos framboises. »

Quand les verres furent vidés, M. Oakly reprit :

« Tenez, je n'aime pas à demander, voisin, mais si vous voulez me donner.... » Au même instant plusieurs étrangers entrèrent, et la phrase ne put être achevée.

Ainsi qu'il le disait, M. Oakly n'était pas fait pour solliciter, et il avait fallu toute la cordialité de Grant pour qu'il pût dominer ses préjugés au point de demander une faveur à un Écossais.

C'était un plant des framboises Brobdignac que M. Oakly avait voulu demander à son voisin. Le lendemain ces plants lui revinrent à l'esprit ; mais naturellement timide, il ne put se décider à faire lui-même cette demande. Il recommanda donc à sa femme, qui partait justement pour le marché, de passer devant la grille du jardin de M. Grant, et, si elle l'y voyait, de lui demander quelques plants de ses framboisiers.

Mme Oakly rapporta pour réponse à son mari que M. Grant n'avait pas un seul plant à donner, et que, quand même il en posséderait beaucoup, il n'en donnerait à personne au monde, excepté à son fils.

Oakly devint furieux à cette réponse ; il déclara qu'il aurait dû s'attendre à un tel procédé de la part d'un Écossais, et qu'il fallait être stupide pour avoir pu se fier aux paroles d'un homme de cette espèce. Il jura qu'il aimerait mieux mourir à l'hospice de la paroisse que de demander jamais une faveur, si petite qu'elle fût. Puis il raconta pour la centième fois à sa femme la manière dont il avait été dupé par un compatriote de M. Grant. Enfin il jura de n'avoir plus aucun rapport direct ou indirect avec son voisin.

« Mon fils, dit-il à Arthur qui revenait à cet instant de son travail ; mon fils, écoute-moi ; que je ne te revoie jamais avec le fils de M. Grant.

— Avec Maurice, mon père ?

— Oui, avec Maurice Grant; à partir de ce jour, je te défends d'avoir aucun rapport avec lui.

— Pourquoi donc, mon père?

— Ne fais pas de questions et obéis.

— J'obéirai, mon père, dit Arthur fondant en larmes.

— Comment! le voilà qui pleure maintenant! Imbécile! est-ce que tu ne pourras pas jouer avec d'autres petits camarades? Je t'en trouverai un autre, moi, s'il ne faut que cela.

— Ah! mon père, dit Arthur en essayant de retenir ses larmes, je n'aurai jamais un ami comme Maurice Grant.

— Pauvre niais! dit M. Oakly attirant son fils près de lui, tu es justement le contraire de ton père, tu te laisse prendre aisément aux belles paroles; mais, quand tu auras vécu aussi longtemps que moi, tu sauras que les amis ne sont pas aussi communs que les mûres, et qu'ils ne poussent pas sur les buissons.

— Oh! je le sais bien, dit Arthur, car je n'ai jamais eu d'amis avant de connaître Maurice, et je n'en aurai jamais de semblable à lui.

— Tel père, tel fils : félicite-toi de ne plus le voir.

— Ne plus le voir! Quoi! mon père, n'irai-je donc plus travailler dans son jardin, et lui, ne viendra-t-il plus dans le mien?

— Non, répondit sévèrement M. Oakly ; son père s'est mal conduit à mon égard, et l'on n'est pas deux fois impoli envers moi. Non, tu ne le verras plus ; mais ne te désole pas ainsi comme un niais, et prends bravement ton parti. »

Arthur promit à son père de lui obéir ; il demanda seulement la permission de parler une dernière fois à Maurice, afin de lui dire que c'était d'après les ordres de son père qu'il cessait de le fréquenter. Cette faveur lui fut accordée ; mais quand Arthur voulut connaître quels étaient les motifs de cette séparation, M. Oakly refusa de les lui dire.

Les deux amis se firent leurs adieux avec douleur.

Quand M. Grant entendit parler de tout cela, il tâcha de savoir ce qui avait pu froisser son voisin ; mais le silence obstiné de M. Oakly empêcha entre eux toute explication.

Cependant la réponse de M. Grant à la demande de M. Oakly n'avait pas été rapportée par la femme de celui-ci telle qu'elle avait été faite. M. Grant avait dit que, les framboisiers n'étant pas sa propriété, il ne pouvait pas en donner ; qu'ils appartenaient à son fils, et que d'ailleurs ce n'était pas la saison de les planter. Ces paroles avaient été mal comprises. Grant les avait dites à sa femme, celle-ci avait une servante galloise qui n'entendait pas bien l'écossais de sa maîtresse, et qui à son tour n'avait pu se faire comprendre de Mme Oakly. L'attention de cette dame était d'ailleurs distraite par la surveillance de son cheval piaffant à la grille, sur lequel elle avait hâte de remonter pour se rendre au marché.

Une fois bien résolu à détester son voisin, M. Oakly ne pouvait pas rester lontemps sans trouver quelque nouveau motif de plainte contre lui. Il y avait dans le jardin de Grant un prunier planté tout près de la muraille. Le sol où croissait cet arbre ne se trouvait pas tout à fait aussi bon que celui du côté opposé du mur. Le prunier s'était fait un passage à travers les pierres et avait pris peu à peu possession du terrain qui lui était le plus favorable. M. Oakly prétendit que ce prunier, appartenant à son voisin, il n'avait pas le droit de faire irruption dans sa propriété. Un procureur lui affirma qu'il pourrait obliger Grant à le couper. Mais Grant ayant refusé, le procureur conseilla à Oakly d'intenter un procès. Oakly suivit ce conseil. Le procès traîna pendant plusieurs mois. Au bout de ce temps, le procureur vint demander à Oakly de l'argent pour poursuivre, lui affirmant que dans peu de temps sa cause serait gagnée.

M. Oakly paya dix guinées à l'homme de loi en lui faisant observer que c'était pour lui une somme énorme, et que le seul amour de la justice pouvait le faire persévérer dans un procès au sujet d'un morceau de terre qui, après tout, ne valait pas un penny. « Le prunier ne me cause pas le moindre dommage, mais je ne veux pas me laisser mener par un Écossais. »

Le procureur encouragea M. Oakly dans cette résolution qui était favorable à ses intérêts. Il excita encore les préjugés de son client contre les enfants de l'Écosse. Il mit son amour-propre en jeu, et, dans une longue conversation, il démontra que son honneur national était engagé à soutenir la lutte. Enfin Oakly en était venu à ce point qu'un jour, marchant d'un pas résolu vers le prunier, il disait : « Dût-il m'en coûter cent livres sterling, je ne me laisserai pas faire la loi par un Écossais. »

En ce moment, Arthur interrompit la rêverie de son père en lui désignant un livre et quelques plantes posés sur la muraille.

« Ceci est sans doute pour vous, mon père, car voici en même temps un billet qui vous est adressé; c'est de l'écriture de Maurice. Faut-il vous l'apporter?

— Oui, donne que je lise. »

Le billet contenait ces mots :

« Cher monsieur Oakly,

« J'ignore pourquoi vous nous cherchez querelle, et j'en suis désolé. Mais quoique vous ayez de la colère contre moi, je n'en éprouve point contre vous. J'espère que vous ne refuserez pas quelques plants de mes framboisiers Brobdignac, que vous aviez demandés il y a déjà longtemps, quand nous étions bons amis. Ce n'était pas alors la saison de les planter, c'est pourquoi je ne vous les ai pas envoyés ; mais cette saison est venue, et je vous les adresse aujourd'hui en même temps que le livre où vous verrez pourquoi nous mettons des cendres d'herbes marines aux racines de nos framboisiers ; je me suis procuré de ces cendres pour vous. Vous les trouverez dans le pot à fleurs, sur la muraille. Nous ne nous sommes pas parlé, Arthur et moi, depuis que vous l'avez défendu. Dans l'espoir que vos framboisiers viendront aussi bien que les nôtres, et que nous serons encore unis un jour, je suis avec une sincère affection, pour Arthur et pour vous.

« Le fils de votre voisin,
« Maurice Grant.

« P. S. Voilà déjà quatre mois que la querelle

est commencée ; je trouve ce temps-là bien long. »

Cette lettre ne produisit pas un très-grand effet sur Oakly, à cause du peu d'habitude qu'il avait de lire l'écriture, et de la peine qu'il se donnait pour épeler et assembler ses mots. Néanmoins il en fut touché, et il dit :

« Je crois que ce Maurice a de l'affection pour toi Arthur, et il me paraît un bon garçon ; mais, quant aux framboisiers, j'imagine que tout ce qu'il en dit n'est qu'une excuse, et puisqu'on n'a pas voulu me les donner quand je les ai demandés, je n'en veux plus maintenant ; tu m'entends, Arthur ? Que lis-tu là ?

Arthur parcourait une page marquée dans le livre que Maurice avait laissé avec les framboisiers sur la muraille. Il lut tout haut ce qui suit :

Monthly Magazine,
décembre 1798, page 421.

« On cultive à Jersey une espèce de fraisiers que l'on couvre, en hiver, d'herbes marines, de même qu'en Angleterre on couvre certaines plantes de litière d'écurie. Les fruits de ces fraisiers sont ordinairement de la grosseur d'un abricot moyen, et la saveur en est particulièrement agréable. A Jersey et à Guernesey, situés à un degré à peine plus au sud que la Cornouaille, les légumes et les fruits de toute espèce mûrissent quinze jours ou trois semaines plutôt qu'en Angleterre, même sur les côtes méridionales, et l'on y voit rarement la neige séjourner plus de vingt-quatre heures sur le sol. Quoique ceci semble devoir être attribué à l'influence de l'atmosphère humide et salée dont ces îles sont environnées, l'emploi comme engrais de cendres d'herbes marines doit y être aussi pour quelque chose. »

— Ah! fit Arthur, voici quelques lignes écrites au crayon, sur une feuille de papier, elles sont de la main de Maurice, je vais vous les lire :

« Lorsque je lus dans ce livre ce qu'on y dit des fraises, qui deviennent aussi grosses que des abricots quand les fraisiers ont été couverts d'herbes marines, je pensai que peut-être des cendres de ces herbes seraient bonnes pour les framboisiers de mon père, et je lui demandai la permission d'en faire un essai. Il me l'accorda, et j'allai immédiatement ramasser des plantes marines qui avaient été jetées sur le rivage; je les fis sécher, puis brûler, et je me servis des cendres pour fumer le terrain où se trouvaient les framboisiers. L'année suivante les framboises atteignaient la grosseur que vous leur avez vue. Je vous fais part de ceci afin que vous sachiez comment cultiver vos framboises, et parce que je me souviens que vous paraissiez fâché contre mon père quand il vous dit que la manière dont il cultivait les siennes était un secret. C'est là, sans doute, votre motif d'animosité contre nous, car vous n'êtes point venu voir mon père depuis cette époque. Maintenant je vous ai dit tout ce que je sais, et j'espère que vous ne me garderez pas rancune plus longtemps »

M. Oakly fut ravi de cette franchise et dit :
« Voilà qui est tout simple, Arthur, et qui vous apprend ce qu'on voulait savoir sans faire de grands discours ; c'est plutôt d'un Anglais que d'un Écossais. Dis-moi, Arthur, sais tu si Maurice est né en Angleterre ou en Écosse?

— Non, mon père, je n'en sais rien, je ne le lui ai jamais demandé. Je ne croyais pas que ce fût important. Je sais seulement que, quel que soit le pays où il est né, Maurice est un bien bon garçon. Voyez, mon père, ma tulipe va fleurir.

— En vérité elle sera belle.

— C'est Maurice qui me l'a donnée.

— Ne lui as-tu rien donné en échange?

— Non, mon père. Et c'est précisément quand il avait eu sujet d'être bien fâché contre moi qu'il m'en a fait cadeau ; je venais de briser sa cloche.

— J'ai bonne envie de vous laisser jouer encore ensemble, dit le père d'Arthur.

— Oh! si vous le vouliez, dit Arthur en battant les mains, comme nous serions heureux! Vous ne savez pas, mon père, que je suis resté quelquefois pendant une heure assis au haut de ce pommier, pour voir Maurice travailler dans son jardin. Oh! comme j'aurais voulu travailler avec lui! Voyez mon jardin, mon père : il s'en faut qu'il soit aussi bien tenu qu'autrefois ; mais bientôt tout y sera en ordre, si.... »

Arthur fut interrompu par l'arrivée du procureur, qui venait causer avec M. Oakly de son procès au sujet du prunier. M. Oakly lui montra la lettre de Maurice, et, à la grande surprise d'Arthur, celui-ci ne l'eut pas plutôt lue, qu'il s'écria :

« Quel petit fourbe! Je n'ai rien vu de plus fort dans toute ma carrière. Oui, cette lettre est la plus artificieuse que j'ai jamais lue.

— Où donc est l'artifice ? dit Oakly en mettant ses lunettes.

— Ne voyez-vous pas, mon cher monsieur, que toute cette comédie des framboisiers Brobdignac n'a d'autre but que d'éviter le procès ? M. Grant, qui est assez rusé, sait bien qu'il n'aura pas l'avantage, et qu'il sera forcé de vous payer une somme ronde à titre de dommages et intérêts, si l'affaire suit son cours.

— Des dommages et intérêts? dit Oakly en tournant ses regards sur le prunier. Je ne sais pas ce que vous voulez dire. Je ne prétends rien faire que d'honnête, et je n'ai pas l'intention d'exiger la somme assez ronde dont vous parlez : car ce prunier ne m'a pas fait grand mal en avançant sur mon jardin. Tout ce que je veux, c'est qu'il n'avance pas sans permission.

— Oh! je comprends bien tout cela, dit le procureur ; mais ce que je voudrais vous faire comprendre, à vous, monsieur Oakly, c'est que ce Grant et son fils veulent agir de ruse contre vous. Ils cherchent à éviter le jugement, et ils vous font cadeau de ces framboisiers pour vous séduire.

— Pour me séduire! s'écria M. Oakly. Je n'ai jamais accepté de pareils présents, et je n'en accepterai jamais. » Et, d'un air indigné, il arracha les framboisiers de la terre où Arthur venait de les planter, et les jeta par-dessus la muraille, dans le jardin de Grant.

Maurice avait placé sa tulipe, qui était sur le point de fleurir, au sommet de la muraille, dans l'espoir que son ami Arthur l'apercevrait un jour ou l'autre.

Hélas! il ne savait pas dans quel endroit dangereux il l'avait placée. Un des framboisiers lancés par le bras courroucé de M. Oakly atteignit la tête de la précieuse tulipe.

Arthur, tout occupé de convaincre son père que le procureur s'était trompé dans son jugement sur Maurice, ne remarqua pas la chute de la fleur.

Le lendemain, quand Maurice vit ses framboisiers éparpillés sur la terre et sa tulipe favorite brisée, il fut saisi d'étonnement et éprouva même un instant de la colère. Mais ce dernier sentiment n'était jamais chez lui de longue durée. Il pensa que tout ceci devait être attribué à un accident ou à une méprise. Il ne pouvait croire que personne fût assez méchant pour lui faire de la peine avec intention.

« Et d'ailleurs, se dit-il, si on l'a fait exprès, ce que j'ai de mieux à faire, c'est de ne pas m'en fâcher. Pardonner et oublier. »

Maurice se trouvait plus heureux d'avoir un pareil caractère que s'il eût possédé toutes les plus belles tulipes de la Hollande.

Ces fleurs étaient en grande faveur à cette époque dans le pays où demeuraient Maurice et Arthur. Il devait y avoir dans peu de temps à la ville voisine une fête florale, et un prix consistant en instruments de jardinage devait être donné à celui qui exposerait la plus belle fleur. C'était une tulipe qui, l'année précédente, avait obtenu les suffrages; aussi un grand nombre de personnes avaient-elles tâché de se procurer des oignons de tulipe, afin de remporter le prix cette année.

La tulipe d'Arthur était superbe. Chaque jour il l'examinait et la voyait devenir plus belle ; aussi désirait-il ardemment de pouvoir remercier Maurice ; souvent il montait sur son pommier et regardait dans le jardin de son ami dans l'espoir d'apercevoir sa tulipe tout épanouie et éclatante comme la sienne. Mais c'était en vain.

Le jour de la fête florale arriva, et Oakly s'y rendit avec son fils, qui emporta sa tulipe.

La fête avait lieu sur une vaste pelouse. Toutes les fleurs de différentes sortes étaient rangées sur un tertre à l'extrémité du tapis de gazon, et au milieu de cette charmante vallée, la tulipe que Maurice avait donnée à Arthur se faisait remarquer par son éclat.

Le prix fut décerné au propriétaire de cette fleur, et, au moment où Arthur recevait les instruments de jardinage, il entendit une voix bien connue qui le félicitait ; il se retourna et vit son ami Maurice.

« Eh bien ! Maurice, où donc est votre tulipe ? dit M. Oakly. Ne m'avais-tu pas dit, Arthur, qu'il en avait gardé une pour lui ?

— C'est vrai, j'en avais gardé une, dit Maurice, mais quelqu'un, par accident sans doute, me l'a brisée.

— Qui donc? s'écrièrent à la fois Arthur et son père.

— Quelqu'un qui a jeté des framboisiers par-dessus la muraille, répondit Maurice.

— C'était moi! dit Oakly, c'était moi, je ne saurais le nier; mais je n'avais pas l'intention de briser votre tulipe, Maurice....

— Mon cher Maurice, dit Arthur, voici les outils de jardinage, prends-les.

— Je n'en veux pas, dit Maurice en se retirant.

— Offre-les à son père, offre-les à M. Grant, dit tout bas Oakly; il les acceptera, j'en réponds. »

M. Oakly se trompait. Le père de Maurice refusa.

Oakly resta tout surpris. « Assurément, se dit-il, je me suis trompé sur le compte du voisin. » Et, s'avançant vers Grant, il lui dit brusquement:

« Monsieur Grant, votre fils s'est bien conduit envers le mien, et vous devez en être content.

Certes, je le suis, répondit Grant.

— Eh bien! ajouta Oakly, cela me donne de vous une opinion meilleure que celle que j'avais conçue depuis le jour de votre vilaine réponse au sujet de ces framboisiers, de ces maudits framboisiers.

— Quelle vilaine réponse? » dit Grant avec étonnement.

Oakly lui dit alors ce qui lui avait été rapporté

par sa femme après sa demande des framboisiers Brobdignac. Grant déclara qu'il n'avait jamais dit pareille chose et répéta exactement la réponse qu'il avait faite. Oakly lui tendit la main.

« Je vous crois, qu'il n'en soit plus question ; je suis bien fâché de ne pas avoir eu cette explication avec vous il y a quatre mois, et je l'aurais provoquée si vous n'étiez pas Écossais. Je n'ai jamais pu aimer les gens de votre pays, et vous pouvez remercier ce bon garçon, ajouta-t-il en se tournant vers Maurice, si nous nous entendons aujourd'hui. Rien ne saurait tenir contre la bonté de son cœur. Que je suis désolé d'avoir brisé sa tulipe ! Embrassez-vous, mes enfants. Te voilà heureux maintenant, Arthur ; espérons que M. Grant pardonnera.

— Oh ! *pardon et oubli,* » dit Grant à son fils au même moment, et depuis ce jour les deux familles vécurent dans une parfaite intimité.

Oakly ne put s'empêcher de rire de sa folie d'avoir intenté un procès au sujet du prunier, et, avec le temps, il parvint si bien à vaincre ses préjugés contre les Écossais, qu'il s'associa avec Grant pour son commerce. Le savoir de celui-ci lui était souvent utile, et lui de son côté possédait d'excellentes qualités qu'il mettait au service de son associé.

Les deux jeunes gens se réjouirent de cette

union de leurs familles, et Arthur a dit bien souvent qu'ils devaient tout leur bonheur à la maxime favorite de Maurice : « Pardonner et oublier. »

M. Oakly paya dix guinées. (Page 174.)

LAURENT LE PARESSEUX

La lune éclairait les deux malfaiteurs. (Page 221.)

LAURENT LE PARESSEUX.

Dans la jolie vallée d'Ashton vivait une pauvre femme, que l'on appelait la veuve Preston. Elle habitait une chaumière petite, mais fort propre, et un jardin où l'œil le plus exercé n'aurait pu trouver un seul brin d'herbe sauvage. Ce jardin, composé de parterres plantés de fraises et d'une petite plate-bande de fleurs, devait, par son produit, suffire à tous ses besoins. Elle faisait avec ses œillets et ses roses de charmants bouquets qu'elle allait vendre à Clifton ou à Bristol. Quant aux fruits, elle n'avait pas besoin de les porter au marché, les habitants de la ville ayant pris l'habitude d'aller en été manger des fraises et de la crème aux jardins d'Ashton.

La veuve Preston était si obligeante, si active, d'une humeur si enjouée, que tous ceux qui la voyaient en étaient enchantés. Elle vécut ainsi pendant plusieurs années; mais, hélas! un automne elle tomba malade, et tous les malheurs arrivèrent à la fois; son jardin fut négligé, sa vache mourut, et tout l'argent qu'elle avait économisé fut employé à payer des remèdes. L'hiver passa néanmoins; mais elle était si faible qu'elle ne put se procurer par son travail que d'insuffisantes ressources. Lorsqu'arriva l'été, le propriétaire vint lui réclamer le prix du fermage. Cette somme n'était pas entrée dans sa bourse cette année-là aussi facilement que de coutume. Elle fut obligée de demander, pour s'acquitter, un délai d'un mois qui lui fut accordé; et, lorsque les trente jours furent écoulés, elle n'eut d'autre ressource pour payer que de vendre son cheval Pied-Léger.

Pied-Léger avait vu de meilleurs jours; c'était un vieil ami de la ferme. Dans sa jeunesse, il avait porté au marché M. et Mme Preston, et maintenant il y conduisait Jean, leur petit-fils. Jean était chargé de le nourrir et de le soigner, ce qu'il faisait ponctuellement; car c'était un garçon qui joignait une grande intelligence à un excellent naturel.

« Cela va briser le cœur de Jean, » se disait Mme Preston, un soir qu'elle était occupée à attiser les braises de son feu, cherchant le moyen d'amener la conversation sur un sujet auquel son fils était loin de s'attendre.

« Jean, dit la mère, as-tu faim ?

— Oui, certainement, j'ai bon appétit.

— Ce n'est pas étonnant, tu as si bien travaillé !

— Oh ! oui, bien travaillé. Je voudrais même qu'il ne fît pas si sombre, ma mère, afin que vous puissiez sortir et voir le grand parterre. Vous me diriez que je n'ai pas mal employé ma journée. Et puis, ma mère, j'ai une bonne nouvelle à vous apprendre : le fermier Truck nous donnera une fraise d'une espèce nouvelle, la fraise géante. J'irai la chercher demain matin, et je serai de retour avant le déjeuner.

— Que Dieu t'entende, mon fils ! quatre milles pour aller et quatre milles pour revenir, avant déjeuner !

— Je monterai sur Pied-Léger, et je ferai très-aisément la course. Qu'en dites-vous, ma mère ?

— Certainement, mon enfant.

— Mais vous soupirez?

— Finis ton souper.

— J'ai fini, s'écria Jean en avalant vivement la dernière bouchée. Et maintenant, dit-il, passez-moi la grande aiguille; il faut que je raccommode la bride de Pied-Léger, avant d'aller me coucher. »

Pour travailler, il s'approcha de la lumière et du feu; Mme Preston rapprocha les tisons les uns des autres, et reprit ainsi :

« Mon cher Jean, est-il toujours estropié?

— Qui, Pied-Léger? Oh non, non! jamais il ne s'est mieux porté; on dirait qu'il rajeunit, qu'il engraisse.

— Que Dieu le conserve! c'est justice; nous verrons, Jean; soigne-le toujours bien.

— Pourquoi, ma mère?

— Pour le mener à la foire de lundi en quinze, où il devra être.... vendu.

— Pied-Léger! s'écria Jean, en laissant tomber la bride de ses mains. Quoi! ma mère, vous voulez vendre Pied-Léger?

— Je ne le veux pas; mais il le *faut*, Jean.

— *Il le faut*, vous dites *il le faut*? Pourquoi le faut-il mère?

— *Il le faut*, te dis-je, mon enfant, Ne dois-je pas payer honorablement mes dettes? ne dois-je pas m'acquitter du prix de ma ferme? J'ai déjà obtenu un délai ; et j'ai promis de payer de lundi en quinze. C'est deux guinées que je dois ; je ne les ai pas ; et qui sait quand je les aurai? Il n'y a donc pas à balancer, mon enfant, ajouta la veuve en laissant tomber sa tête sur son bras, Pied-Léger doit être vendu. »

Jean garda le silence pendant quelques minutes.

« Deux guinées, disait-il, deux guinées, c'est beaucoup. Si je travaillais sans prendre de repos, je ne pourrais pas avant le jour de la foire gagner deux guinées ; n'est-ce pas pas, ma mère !

— Si Dieu ne vient pas à ton aide, non ; tu ne le pourras pas, quand même tu travaillerais jour et nuit.

— Mais je puis gagner quelque chose, cependant. Je le pense, du moins, s'écria Jean vivement ; je veux gagner quelque chose : je ferai de mon mieux.

— Je reconnais bien là mon enfant, dit la mère en le pressant sur son cœur ; tu es un bon et intelligent garçon ; mais, je dois te l'avouer, Pied-Léger doit être vendu. »

Jean se retira sans mot dire, les yeux baignés de larmes. Il savait néanmoins que pleurer n'avance à rien, et, séchant ses pleurs, il se mit à chercher les moyens de conserver son cheval.

« Si je gagne peu à la fois, mais tous les jours quelque chose, se dit-il, qui sait si le propriétaire n'attendra pas encore, et si nous ne pourrons pas arriver ainsi à payer le tout en même temps; mais comment faire pour gagner le premier sou? Là est la question. »

Il se souvint alors qu'un jour il était allé à Clifton pour vendre des fleurs et qu'il avait vu une vieille femme qui avait devant elle une table sur laquelle était placée une quantité considérable de pierres brillantes. Les passants s'arrêtaient à les regarder; beaucoup d'entre eux en achetaient, celui-ci pour un sou, celui-là pour deux, un autre pour six. Il avait entendu dire également que ces pierres se trouvaient dans un rocher voisin, et il pensa qu'il pourrait bien en aller chercher, lui aussi, et les vendre.

Dès le matin, il se réveilla tout plein de ces projets. Il se lève, s'habille et, donnant un dernier coup d'œil au pauvre Pied-Léger dans son étable, il part pour Clifton à la recherche de la vieille femme. Il était trop matin; elle n'était pas encore à son poste. Il s'en retourna désappointé; mais il ne perdit pas son temps : il sella et brida Pied-Léger et se rendit à la ferme de Truck pour chercher les fraises géantes. Il employa une grande partie de la matinée à les planter, et dès qu'il eut fini, il s'en retourna à Clifton où, à sa grande joie, il trouva la vieille femme assise avec sa table devant elle. La vieille femme était sourde et de mauvaise humeur. Aussi, lorsque Jean lui adressa quelques questions, elle se contenta de lui répondre :

« Il est inutile de prendre la peine de chercher des pierres, vous n'en trouverez pas. Il n'y en a plus.

— Ne puis-je cependant chercher au même endroit que vous ? dit Jean.

— Cherchez, personne ne vous en empêche, » répliqua la vieille ; et ce fut la seule réponse qu'il put obtenir.

Jean n'était pas un enfant facile à décourager. Il alla vers les rochers, et, marchant lentement, il s'arrêta à toutes les pierres près desquelles il passait. Il arriva bientôt à un endroit où un grand nombre d'ouvriers étaient occupés à soulever des roches. Ils se baissaient et cherchaient ardemment dans les cavités. Jean s'avança et demanda s'il pouvait les aider.

« Oui, dit l'un, vous le pouvez. J'ai justement laissé tomber parmi ces cailloux une pierre de cristal que j'avais trouvée ce matin.

— A quoi ressemble-t-elle ? demanda Jean.

— Elle est blanche comme du cristal, » répondit l'ouvrier.

Jean cherchait soigneusement dans le tas de pierres. « Allons, dit l'ouvrier, c'est inutile. Ne vous donnez pas tant de peine, mon garçon.

— Laissez-moi regarder encore, repartit Jean, il ne faut pas se désespérer si promptement. » Et, après avoir cherché quelques instants, il retrouva la pierre.

« Merci, dit l'ouvrier, vous êtes un petit garçon fort intelligent. »

Jean, encouragé par le ton avec lequel lui parlait cet ouvrier, hasarda les mêmes questions qu'il avait faites à la vieille femme.

« Un bon service en mérite un autre, dit l'ouvrier. Nous allons dîner ; je vais quitter mon ouvrage : attendez-moi ici, et je puis vous assurer que votre temps ne sera pas perdu. »

Pendant que Jean attendait le retour de l'ouvrier, il entendit quelqu'un auprès de lui qui poussait un grand bâillement. Il se retourna aussitôt et vit étendu sur le gazon, près de la rivière, un garçon à peu près de son âge, et très-connu dans le village d'Ashton sous le nom de Laurent le Paresseux ; nom qu'il méritait, car il ne faisait rien du matin au soir. Il ne travaillait ni ne jouait : sa seule occupation consistait à s'étendre, à bâiller et à dormir. Son père était marchand de vin ; adonné à l'ivrognerie, il ne trouvait pas le temps de s'occuper de son fils, qui, laissé tout le jour à lui-même, devenait un fort mauvais sujet. Quelques voisins le plaignaient, car il était d'un bon naturel ; mais d'autres rappelaient en secouant

Jean entendit quelqu'un auprès de lui qui poussait un grand bâillement.
(Page 196.)

la tête, que la paresse est la mère de tous les vices.

« Laurent, s'écria Jean en le voyant étendu sur le gazon, es-tu endormi?

— Pas encore.

— Que fais-tu là?

— Rien.

— A quoi penses-tu?

— A rien.

— Que cherches-tu là?

— Je ne sais pas. Je ne trouve personne pour jouer avec moi aujourd'hui. Veux-tu venir jouer?

— Non, je ne puis. J'ai affaire.

— Tu as quelque chose à faire? dit Laurent en s'étirant. Tu as toujours quelque chose à faire : je ne voudrais pas être à ta place pour tout au monde.

— Et moi, dit Jean en riant, je ne voudrais pas pour tout au monde n'avoir rien à faire. »

Et ils se séparèrent, car l'ouvrier venait d'appeler Jean. Il le conduisit chez lui, lui montra une certaine quantité de pierres qu'il avait ramassées pour les vendre, mais qu'il n'avait pas eu le temps de trier. Il se mit aussitôt à l'œuvre; il choisit celles qu'il jugea les plus belles, les plaça dans un panier et les donna à Jean à condition qu'il lui rapporterait la moitié du produit de la vente.

Jean, content d'être employé, se déclara disposé

à tout ce que l'ouvrier demandait, pourvu que sa mère ne fît pas d'objection. Lorsqu'il rentra pour dîner, il raconta son aventure à la veuve. Celle-ci sourit et lui dit qu'elle n'était pas inquiète lorsqu'il s'éloignait de la maison : « Tu n'es pas un enfant paresseux, lui dit-elle ; aussi je ne crains pas de te laisser aller à ta guise. »

En conséquence, le soir même, Jean alla se placer avec son petit panier sur le bord de la rivière, à l'endroit où l'on descendait pour prendre le bac. C'était là que commençait l'avenue qui conduisait aux sources d'eaux minérales, vers lesquelles une foule considérable se portait sans cesse. Sa place une fois choisie, il alla au-devant des promeneurs, offrant à chacun ses jolies pierres et les engageant vivement à les acheter ; mais personne n'en voulut.

« Holà ! s'écrièrent quelques matelots qui venaient de ramener une barque sur la rive, veux-tu nous donner un coup de main, mon petit garçon, et porter ces paquets à la maison voisine ? »

Jean accourut immédiatement, prit les paquets et fit tout ce qu'on lui demandait si lestement et avec tant de bonne grâce, que le patron du bateau le remarqua, et, quand il revint, il lui demanda ce qu'il avait dans son panier. Après avoir vu les pierres, il pria Jean de le suivre, lui disant qu'il portait des coquillages étrangers à une dame du voisinage qui faisait une grotte, et qu'elle achèterait probablement aussi les pierres qu'il avait dans son panier : » Allons, mon ami, ajouta-t-il, nous pouvons essayer. »

La dame demeurait près de là. Ils arrivèrent donc bientôt chez elle et la trouvèrent occupée à trier des plumes de différentes couleurs. Ces plumes étaient étalées sur une feuille de carton posée sur une console. Lorsque le matelot voulut montrer les coquillages qu'il apportait, il poussa la feuille de carton et fit tomber toutes les plumes par terre. La dame en parut très-fâchée, et Jean, qui avait observé son mécontentement, s'empressa, pendant qu'elle examinait les coquillages, de ramasser les plumes et de les rassembler, par ordre de couleurs, comme elles étaient au moment où il était entré.

« Où est le petit garçon que vous avez amené avec vous? Il me semble l'avoir vu tout à l'heure.

— Me voici, madame, répondit Jean, accroupi sous la table et tenant entre les mains le reste des plumes relevées. Il m'a semblé qu'il valait mieux faire ceci que de rester planté là comme un fainéant. »

La dame sourit, et, satisfaite de l'activité et de la simplicité de Jean, elle lui adressa une foule de questions, s'informa d'où il était, où il demeurait, ce qu'il faisait, combien il gagnait à ramasser des pierres.

« C'est aujourd'hui le premier jour que j'en ai cherché, dit Jean; je n'en ai pas vendu une seule, et, si vous ne m'en achetez pas maintenant, madame, je crains bien de les garder toutes, car je les ai offertes à tous les passants.

— Approche, dit la dame en riant, je crois que c'est le cas de tout acheter. »

Et vidant elle-même les pierres qui étaient dans le panier, elle plaça une demi-couronne dans la main de Jean, qui, les yeux étincelants de joie, lui dit :

« Oh! je vous remercie, madame. Je suis sûr de pouvoir vous en apporter encore demain.

— Bien! mais je ne te promets pas de te donner une demi-couronne demain.

— Mais peut-être, quoique vous ne me promettiez pas, me la donnerez-vous tout de même?

— Non, répondit la dame, détrompe-toi; je t'assure que je ne te la donnerai pas : car, au lieu de t'encourager à travailler, je ne ferais par là que t'exciter à devenir un paresseux. »

Jean ne comprit pas ce que voulait dire la dame par ces paroles; mais il lui répondit :

« Je suis sûr de n'être pas un paresseux. Je cherche à gagner quelque chose chaque jour, et je ne sais comment m'y prendre. Je ne suis point un paresseux; si vous saviez tout, madame, vous verriez que je dis la vérité.

— Que veux-tu dire par là : si je savais tout?

— Je veux dire si vous connaissiez Pied-Léger

— Qui est-ce, Pied-Léger?

— C'est le cheval de ma mère, répondit Jean en regardant par la fenêtre. J'ai besoin de travailler pour le nourrir, ajouta-t-il après un moment de silence, et ce, jusqu'au moment de son départ, et je suis certain que maintenant il s'aperçoit de mon absence.

— Laisse-la-lui regretter un peu plus longtemps, dit la dame, et raconte-moi ton histoire.

— Je n'ai pas d'histoire à raconter, madame; je ne puis vous dire qu'une seule chose : c'est que ma mère doit payer, de lundi en quinze, une rente de deux guinées, et qu'elle ne pourra y parvenir qu'en le vendant à la foire. Ma mère est bien malheureuse, car elle sait bien que je suis trop jeune et trop faible pour pouvoir, d'ici là, gagner deux guinées.

— Mais es-tu capable de gagner quelque chose en travaillant? car tu dois savoir qu'il y a une grande différence entre vendre des pierres et travailler toute une journée.

— Oh! certainement, madame, je travaillerais volontiers tout le jour.

— Eh bien! viens ici, mon jardinier te donnera

les plates-bandes à soigner, et je te payerai six sous par jour. Rappelle-toi seulement que tu dois être arrivé tous les matins à six heures.

— Je serai exact, madame, » répondit Jean en saluant et en remerciant.

Il avait hâte de revoir Pied-Léger; mais il se rappela que l'ouvrier lui avait confié les pierres, à la condition de lui rapporter la moitié du gain qu'il en tirerait; il pensa qu'il valait mieux aller d'abord chez lui. Il prit donc le long de la rivière, et en un quart d'heure il arriva chez l'ouvrier, à qui il dit, en lui montrant sa demi-couronne : « Tenez, voilà ce que j'ai retiré de vos pierres, nous allons partager.

— Non, dit l'ouvrier; la demi-couronne t'a été donnée. J'estimais mes pierres un schelling au plus, je ne garderai donc que six pence. Femme, donnez à cet enfant deux schellings; et prenez sa demi-couronne. »

La femme ouvrit un vieux gant, et le mari, en tirant un petit penny en argent, le remit à Jean, et lui dit :

« Ceci est pour ta probité. La probité est, mon enfant, la meilleure règle de conduite. »

A quoi la femme ajouta :

« Conserve ce penny d'argent, emporte-le avec toi, il te portera bonheur.

— Il en fera ce qu'il voudra, dit le mari.

— Dans, ce cas, un autre penny vaudrait autant que celui-là pour acheter des friandises.

— Oh! rassurez-vous, madame, je n'en ferai pas un mauvais usage. »

Il quitta l'ouvrier, s'empressa d'aller donner à manger à Pied-Léger, et le lendemain, à cinq heures, content et joyeux, chantant comme un pinson, il se dirigea vers l'habitation de la dame.

Il se rendit quatre jours de suite à son travail; il s'occupait sans cesse, et la dame, qui chaque jour venait voir ce qu'il avait fait dans sa journée, demanda, au bout de ce temps, à son jardinier ce qu'il pensait de cet enfant.

« Il travaille beaucoup, madame; je ne l'ai pas encore surpris un seul instant à rien faire. Vous pouvez vous assurer par vous-même qu'il travaille deux fois autant qu'un autre. Et tenez, aujourd'hui, il a commencé à ce rosier et fini à celui-là. C'est plus que ne pourrait en faire un garçon qui aurait trois ans de plus que lui.

— Je m'y connais, et je vois que ce que vous me dites est la vérité; mais quelle est la tâche que peut faire un enfant de cet âge?

— La voilà, madame, » répondit le jardinier en faisant deux marques avec sa bêche.

La dame, s'adressant alors à Jean :

« Voilà, lui dit-elle, ta tâche de chaque jour.

Si tu as fini avant l'heure, le reste de ta journée t'appartiendra ; tu en feras ce que tu voudras. »

Jean fut très-content ; chaque jour il avait terminé sa tâche à quatre heures, et comme il aimait beaucoup à jouer avec ses camarades, il se rendait sur la place du village, où ils se réunissaient. C'était là que, la plupart du temps, Laurent se tenait couché près d'un grand portail, le pouce enfoncé dans sa bouche.

Les autres jouaient, Jean se mettait à leur tête. Mais un jour, après avoir joué assez longtemps, il vint se reposer sur une borne placée près de l'endroit où Laurent le paresseaux était étendu comme un désœuvré.

« Tu ne joues pas, Laurent ?

— Non, je suis fatigué.

— Fatigué de quoi ?

— Je ne sais pas, mais ma grand'mère dit que je suis malade.

— Bah ! fais une longue course et tu verras que tu iras bien. Viens, courons, une, deux, trois.

— Eh ! non, je ne puis marcher ; j'ai d'ailleurs toute la journée à moi, et je n'aime pas à jouer en même temps que les autres. Toi qui n'as qu'une heure, c'est différent.

— C'est tant pis pour toi. Veux-tu jouer à la balle ?

— Non, je suis fatigué, fatigué comme si j'avais travaillé toute la journée comme un cheval.

— Eh bien! tel que tu me vois, j'ai travaillé toute la journée comme un cheval, et je ne suis pas encore fatigué.

— C'est malheureux d'être obligé de travailler ainsi. Vois-tu, moi, je suis riche, ajouta Laurent en montrant une certaine quantité de pièces de petite monnaie. Mon père m'a donné tout cela, et je puis dépenser tout ce qu'il me plaira. Vois : un deux, trois.... huit sous. Tu ne sais pas ce que c'est que d'avoir huit sous. Tu n'en as jamais eu plus de deux ou trois à ta disposition. »

Jean sourit. « Oh! quant à cela, dit-il, tu te trompes, car j'ai dans ce moment-ci plus de deux, de trois, de huit sous, j'ai deux schellings, plus cinq jours de travail à six sous chacun, ce qui fait deux schellings et six sous; en tout quatre schellings et six sous.

Tu n'as pas quatre schellings et six sous, dit Laurent en s'animant; tu n'as pas quatre schellings et six sous, je ne le croirai que quand je le verrai.

— Suis-moi, répondit Jean, et je te forcerai à me croire. Viens.

— C'est loin, dit Laurent, qui suivait Jean clopin-clopant jusqu'à l'étable où celui-ci lui montra son trésor. Et comment as-tu amassé tout cela honnêtement?

— Très-honnêtement; tu peux être sûr que j'ai tout gagné.

— Grand Dieu! gagner tout cela! J'ai bien envie de travailler; mais il n'en est pas encore temps, ma grand'mère dit que je ne suis pas assez fort; et, du reste, je flatte papa pour avoir de l'argent. Je n'ai donc pas besoin de travailler. Quatre schellings et six sous! Et qu'en feras-tu?

— C'est mon secret, répondit Jean en riant.

— Alors, je vais faire des conjectures. Je sais bien ce que j'en ferais, s'ils étaient à moi. Premièrement je remplirais mes poches de gâteaux, puis j'achèterais des pommes et des noix. Aimes-tu les noix? J'en achèterais assez pour en avoir jusqu'à Noël, et je les ferais casser par le petit Newton, parce que c'est très-fatigant de les casser soi-même.

— Tu ne mérites pas seulement d'en avoir.

— Mais tu m'en donneras des tiennes, dit Laurent d'un ton flatteur.

— Non, certes, répondit Jean, je ne te donnerai rien.

— Mais alors que feras-tu de ton argent?

— Oh! je sais bien ce que j'en ferai. C'est mon secret, et je ne veux le dire à personne. Partons, allons jouer.

— Ils s'en allèrent, Laurent plein de curiosité et de mauvaise humeur contre lui-même et contre ses huit sous. Si j'avais quatre schellings et six sous, se dit-il, je serais certainement plus heureux. »

Le jour suivant, Jean partit, comme de coutume, avant six heures, pour aller à son travail, tandis que Laurent battait le pavé, ne sachant comment passer son temps. Notre paresseux dépensa en deux jours six sous de pommes et de gâteaux, et, tant que cela dura, il fut bien accueilli par ses compagnons ; mais le troisième jour, comme il avait épuisé sa bourse, quelques noix tentèrent sa gourmandise et il rentra chez son père pour le flatter, ainsi qu'il disait. Lorsqu'il arriva il l'entendit parler très-haut et très-fort, et s'imagina qu'il était ivre ; mais ayant ouvert la porte, il vit qu'il n'en était rien, et que c'était seulement de la colère.

« Chien de paresseux, dit-il en s'adressant à Laurent et lui donnant un coup sur l'oreille ; chien de paresseux, regarde ce que tu as fait ; regarde, regarde, te dis-je. »

Laurent regarda aussi vivement que son apathique nature le lui permit, et, rempli de crainte, d'étonnement et de remords, il aida à ramasser une douzaine de bouteilles du meilleur cidre de Worcestershire répandu par terre.

« Je te donne trois jours pour porter ces bouteilles à la cave, et n'attends pas que je t'aide à mettre les bouchons ! Réponds-moi, vilain paresseux, le feras-tu ?

— Oui, répondit l'enfant en se grattant l'oreille.

— Mais remue-toi donc un peu, ne reste pas là planté comme un arbre ou comme une momie ; voyons, prends deux de ces bouteilles et descends-les. »

Mais Laurent était si peu empressé que son père, transporté de colère, le secoua fortement par le bras et le mit à la porte en lui disant : « Tu ne feras jamais qu'un méchant paresseux. »

Ce n'était pas le moment de demander de l'argent. Laurent le comprit et attendit le jour suivant, espérant que son père serait plus abordable. Le lendemain donc, le voyant d'assez bonne humeur, il lui glissa doucement sa demande à l'oreille :

Le père irrité lui répondit :

« Je ne te donnerai pas un sou avant un mois ; si tu veux de l'argent, va travailler, je suis fatigué de ta fainéantise. »

A ces mots, Laurent fondit en larmes et alla s'asseoir au bord d'un fossé, où il pleura pendant plus d'une heure. Après avoir ainsi pleuré, il se demanda s'il n'avait pas encore quelque menue monnaie dans sa poche : il chercha et trouva un sou à sa grande joie. Il se leva aussitôt et se dirigea vers la marchande ; elle pesait des prunes ; et, pendant qu'il attendait, il vit des postillons et des garçons d'écurie qui jouaient à pile ou face.

Il les regarda pendant quelques minutes et entendit le garçon d'écurie qui disait :

« J'ai commencé avec un sou et maintenant j'en ai quatre. »

Laurent s'émut à ces paroles et se dit : « Puisqu'il en est ainsi, qu'on gagne quatre sous avec un seul, il vaut mieux jouer à pile ou face que travailler ; » et tirant son sou, il le présenta au garçon d'écurie, en lui disant qu'il désirait jouer avec lui.

« C'est bien, répondit celui-ci, donne-le-moi; » et, jetant ses sous en l'air : « Pile ou face ? »

Le sort favorisa notre petit paresseux, qui aurait bien voulu aller aussitôt acheter des noix ; mais il fut arrêté par le garçon d'écurie, qui lui demanda sa revanche. Cette fois-ci Laurent perdit ; mais, amorcé par l'appât du gain et entraîné par son adversaire, il se laissa aller à jouer toute la matinée ; si bien que tantôt gagnant, tantôt perdant, il finit par avoir quatre sous.

C'est une bonne chose pourtant que de jouer à pile ou face, se dit-il ; une autre fois, quand j'aurai un sou, je viendrai m'amuser de nouveau, et je ferai croire à mon père que j'ai travaillé. »

Satisfait de sa résolution, il acheta des noix et s'assit dans l'écurie de l'auberge pour les casser plus commodément. Pendant qu'il les mangeait, il entendit la conversation des palefreniers et des postillons. Leurs paroles, leurs jurements continuels le choquèrent d'abord ; car, quoique paresseux, il n'était encore ni méchant ni grossier. Il se familiarisa cependant bientôt avec leur étrange vocabulaire et prit goût à leurs jeux, à leurs querelles et à leurs disputes. Il s'accoutuma si bien à ce genre de vie, qu'il ne tarda pas à se rendre chaque jour à l'écurie et à faire de la cour de l'auberge son séjour habituel. Là il trouva un soulagement à l'ennui qu'il éprouvait déjà de ne rien faire ; d'heure en heure, en effet, il assistait, les coudes appuyés sur ses genoux et sa tête dans ses mains, aux actes de méchanceté des postillons et des valets d'écurie. Ces hommes toujours chantant, toujours jurant, toujours hurlant, se familiarisèrent avec lui : et, pour compléter sa ruine, il se lia d'intimité avec le valet d'écurie, son premier compagnon de jeu, un franc mauvais sujet.

Nous verrons plus tard quelle fut la conséquence de cette liaison ; il est temps maintenant de revenir à notre ami Jean.

Un jour qu'il venait de terminer sa tâche, le jardinier le pria de rester quelques minutes de plus pour l'aider à porter des pots de géranium dans la salle. Jean, toujours actif et obligeant, obéit aussitôt, et, comme il portait un pot de fleurs fort lourd au moment où sa maîtresse entrait dans la salle :

« Que d'ordures vous faites-là; dit-elle ! vous n'avez donc pas essuyé vos pieds sur le paillasson ? »

Jean retourna pour chercher le paillasson, mais il n'en trouva point.

« Oh ! reprit la dame en rappelant ses souvenirs, je ne puis vous blâmer de ce qu'il n'y a point là de paillasson.

— Non, madame, répondit le jardinier; vous devez vous rappeler que le marchand auquel vous les avez commandés ne les a pas apportés.

— J'en suis très-fâchée, dit la dame, je voudrais trouver quelqu'un qui pût me les faire, n'importe comment, pourvu qu'ils puissent servir à essuyer les pieds. »

Jean entendit ces derniers mots, pendant qu'il enlevait les ordures, et il se dit en lui-même :

« Je pourrais peut-être bien faire un paillasson. »

Le soir, en s'en retournant, il cherchait dans sa tête comment il s'y prendrait pour en venir à bout, pensant bien, avec de la patience et de l'intelligence, vaincre tous les obstacles et surmonter toutes les difficultés.

Il se rappela que la première fois qu'il avait vu Laurent couché près d'un portail, il s'amusait à casser une branche de bruyère en plusieurs morceaux. Il lui sembla que, s'il pouvait se procurer des branches pareilles, il lui serait facile de faire un joli petit paillasson vert qui serait très-bon pour essuyer les pieds. Il se ressouvint alors que, le jour où il était allé chercher chez le fermier Truck la fraise géante, il avait vu, à un mille de la maison de sa mère, une grande quantité de bruyère. Comme il n'était encore que six heures du soir, il calcula qu'il avait le temps de seller Pied-Léger, d'aller faire sa provision de bruyère et de faire l'essai de son habileté avant de se coucher.

Pied-Léger le conduisit très-lestement. Jean cueillit autant de bruyère qu'il pouvait en porter; mais quelle peine, quelles difficultés il éprouva avant de parvenir à tresser quelque chose qui ressemblât à un paillasson! Vingt fois il fut sur le point de mettre sa bruyère de côté et d'abandonner son projet, tant il éprouva de désappointement; il persévéra cependant, sachant bien qu'aucun ouvrage important ne peut s'accomplir sans peine et sans labeur.

Il passa toute la journée du lendemain à réfléchir encore au moyen qu'il devait employer pour réussir. Après six heures d'un travail assidu, il surmonta toutes les difficultés, et termina son paillasson à sa grande satisfaction. Son bonheur fut extrême ; il chantait, il dansait, il dévorait des yeux son ouvrage. Le soir, il mit son cher paillasson au pied de son lit, afin de pouvoir le contempler le lendemain matin en se réveillant.

Le jour venu, il partit pour sa journée, portant le paillasson à sa maîtresse. Elle parut fort surprise, demanda qui l'avait fait, combien il coûtait.

« Le vendre ? oh ! non, madame, dit Jean, je suis trop heureux de vous l'offrir ; je ne l'ai point fait pour le vendre. J'y ai travaillé pendant mes heures de loisir, et je suis enchanté qu'il vous plaise ; voilà tout, madame.

— Ce n'est pas tout, dit la dame, je ne veux plus que tu sarcles mon jardin. Tu peux employer plus utilement ton temps, et tu seras récompensé de ton habileté et de ton intelligence. Fais autant de paillassons que tu pourras, et je te les placerai.

— Merci, madame, répondit Jean avec une profonde révérence, » car il vit aux regards de la dame qu'elle lui faisait une faveur.

Cependant, il se demandait en lui-même : « Je les placerai ! qu'est-ce que cela veut dire ? »

Le jour suivant, il se remit au travail et fut tout surpris de son adresse ; il parvint à faire deux paillassons dans le même espace de temps qu'il lui fallait au commencement pour en tresser un seul. Il en fit dix-huit en quinze jours, et les porta chez sa protectrice ; il les empila dans la salle ; à peine eut-il fini qu'une porte s'ouvrit, et la dame entra suivie d'une nombreuse compagnie.

« Ah ! voici le petit garçon et ses paillassons, » dit-elle en s'approchant de la table sur laquelle Jean les avait empilés.

Puis, s'adressant à Jean, qui s'était retiré en arrière pendant qu'on examinait son ouvrage :

« Approche donc mon garçon, tu parais tout surpris.

— Madame, c'est que je ne vois plus mes paillassons.

— Eh bien ! prends ton chapeau, retourne chez toi, et tu seras encore bien plus étonné. »

Jean obéit tristement, mais il changea bientôt de visage. Son chapeau était rempli de monnaie. Chaque paillasson lui avait été payé deux schellings ; en sorte que ses dix-huit paillassons lui rapportèrent trente-six schellings.

« Trente-six schellings ! dit la dame. Tu as déjà gagné en travaillant à mon jardin cinq schellings et six sous ; il ne te faut donc que six sous pour faire deux guinées.

— Deux guinées ! s'écria-t-il en battant des mains. O Pied-Léger ! ô ma mère !

Puis, revenant de son transport :

« Voulez-vous, madame, remercier pour moi tous vos amis ? dit-il ; car je ne saurais le faire convenablement.

— C'est bien, mon garçon ! Nous ne voulons pas te retenir plus longtemps ; nous désirons seulement savoir comment tu vas présenter ton petit trésor à ta mère.

— Eh bien ! venez tout de suite, venez avec moi, répondit Jean.

— Non pas à présent, reprit la dame ; mais demain soir j'irai à Ashton : je pense que ta mère pourra me trouver des fraises.

— Elle le pourra certainement, madame : car c'est moi qui prends soin du jardin. »

Il retourna chez sa mère, et, craignant de ne pouvoir garder son secret jusqu'au lendemain, il se rendit à l'écurie, s'approchant de Pied-Léger, lui fit mille caresses, et dit : « Tu ne seras pas vendu demain. »

Tandis qu'il se livrait ainsi à la joie, il entendit qu'on faisait du bruit à la porte et qu'on paraissait vouloir entrer. Il ouvrit aussitôt, et vit Laurent, accompagné d'un garçon d'écurie en jaquette rouge, qui portait un coq sous le bras. Les deux visiteurs entrèrent dans l'écurie, et s'arrêtèrent, voyant Jean placé près de son cheval.

« Nous....nous....nous..., balbutia le paresseux. Je.... je viens.....

— Te demander, ajouta le valet d'écurie d'un ton hardi, si tu veux venir avec nous, lundi prochain, au combat de coqs. Vois : nous avons un superbe combattant, et Laurent m'ayant dit que tu aimais beaucoup ce spectacle, je venais t'inviter. »

Laurent n'ajouta pas un seul mot sur le plaisir qu'on éprouverait ni sur les chances de son compagnon ; mais Jean, saisi, en regardant le valet, d'un sentiment de dégoût et presque d'effroi, dit d'une voix basse à Laurent :

« Tu pourras donc assister de gaieté de cœur à l'aveuglement de ce pauvre animal ?

— Je ne pense pas qu'il soit aveuglé. J'ai entendu dire qu'un combat de coqs est un beau spectacle, et je ne serai pas plus cruel que tout autre en y allant. Je ne puis pas, du reste, faire autrement ; ainsi, j'irai.

— Mais moi, je puis faire autrement, dit Jean, et je n'irai pas.

— Tu sais que c'est lundi la grande foire de Bristol, et qu'on s'amuse plus ce jour-là que tous les autres jours de l'année.

— Ce n'est pas trop, ajouta le valet d'écurie, de s'amuser un jour par année.

— Mais, répondit Jean, je m'amuse pendant toute l'année.

— C'est singulier, dit Laurent ; quant à moi, je ne voudrais pas, pour tout au monde, manquer d'aller à la foire, au risque de rester ensuite la moitié de l'année sans m'amuser. Allons ! viens avec nous.

— Non, répondit Jean, en lançant un coup d'œil méprisant sur l'étranger.

— Mais alors que feras-tu de ton argent?

— Je te le dirai un autre jour, répondit Jean.

— Allons, dit le valet d'écurie en saisissant Laurent par le bras, allons-nous-en. » Et il se plaça en face de Jean, qu'il regarda attentivement. « Laissons-le seul : il n'est pas des nôtres. Que tu es sot! ajouta-t-il en sortant de l'étable; tu savais bien qu'il ne voudrait pas venir avec nous. Il faut avoir ses quatre schellings et six sous.

— Mais comment savez-vous qu'il a cet argent?

— Je l'ai vu dans la crèche.

— Réellement?

— Oui, très-réellement. Mais tu n'as su que balbutier. Il faudrait vraiment qu'on te soufflât tout.

— Je suis si honteux! répondit Laurent en baissant la tête.

— Honteux! Ne parle donc pas de ta honte. Ne sais-tu pas qu'il te faut pour ce soir un écu, d'une manière ou de l'autre? » Et, après une assez longue pause, le valet ajouta : « Si encore on pouvait seulement distraire un écu de tout son argent?

— Voler! s'écria Laurent avec horreur. Je n'aurais certes jamais cru que je venais ici pour voler à ce pauvre Jean l'argent qu'il a gagné en travaillant.

— Il ne s'agit pas de voler, mais seulement d'emprunter; et si nous gagnons, ce qui ne peut manquer d'arriver, nous lui rendrons cet argent aussitôt après le combat, et il n'en saura rien : cela ne peut ainsi lui faire aucun mal. D'ailleurs, à quoi bon tant causer? »

Laurent ne répondit pas, et ils sortirent ensemble comme ils étaient entrés, sans avoir pris de détermination.

Arrêtons-nous un instant. Nous sommes effrayés du tableau qui va se dérouler devant nos yeux. Nos jeunes lecteurs frémiront peut-être en le lisant; mais il vaut encore mieux qu'ils sachent la vérité, et qu'ils voient où peut conduire un mauvais sujet dont on a fait imprudemment son ami.

Dans le cours de la soirée, Laurent entendit frapper à sa fenêtre : c'était le signal convenu avec son compagnon. Il trembla en pensant à ce dont il s'agissait, se tint tranquille et se cacha sous ses couvertures ; mais au second coup il se leva, s'habilla, ouvrit la croisée, et, après avoir entendu son compagnon lui demander s'il était prêt, il sortit en disant : « Me voilà! »

Pendant qu'ils se rendaient à la ferme, un nuage noir, passant au-dessous de la lune, plongea nos deux personnages dans la plus grande obscurité.

« Où êtes-vous? dit Laurent tout ému, où êtes-vous? Parlez-moi.

— Je suis ici : donne-moi la main.

— Comme il fait froid ! hasarda Laurent. Retournons.

— Pas encore. Nous sommes trop loin pour retourner, et trop près pour reculer, » dit le valet en poussant son compagnon dans l'étable.

Laurent se mit à chercher.

« As-tu trouvé ? reprit le valet. Prends garde au cheval. As-tu fini ? Que fais-tu donc ? Dépêche-toi : j'entends du bruit. »

Et il se cacha derrière la porte.

« Je cherche un écu, et je n'en trouve pas, répondit Laurent un instant après.

— Eh bien ! prends tout. »

Laurent s'empara, en effet, du pot de fleurs de Jean et de tout l'argent qu'il contenait.

Le nuage passé, la lune éclairait les deux malfaiteurs.

« Tu ne veux pas sans doute rester ici ? dit le valet en prenant le pot des mains tremblantes de Laurent.

— Grand Dieu ! s'écria celui-ci, vous prenez tout ? Vous me disiez cependant que vous n'aviez besoin que d'une demi-couronne.

— Tais-toi, imbécile ! répondit le valet. Si je dois être pendu, je le serai tout aussi bien pour un écu. »

Le sang de Laurent se glaça dans ses veines. Il

lui sembla que ses cheveux se dressaient sur sa tête et que ses jambes ne pouvaient plus le porter. Il se traîna sur les traces de son complice. Il ne put trouver pendant toute la nuit un seul instant de repos, tourmenté par l'horreur de son crime et par d'affreux remords. La nuit fut pour lui plus longue que d'ordinaire : et, quand avec le jour il entendit les oiseaux chanter et la joie se répandre sur toute la nature, il se trouva bien méprisable. C'était un dimanche matin. Les cloches appelaient les fidèles à la demeure du Seigneur, et tous les enfants du village, vêtus de leurs habits de fête, innocents et gais, le jeune Jean plus gai que les autres, se pressaient à la porte de l'église.

« Eh! qu'as-tu donc, Laurent? demanda Jean en le voyant sur la porte de la maison de son père : tu es pâle.

— Moi? répondit Laurent en tremblant. Pourquoi dis-tu que je suis pâle?

— Je dis que tu es bien blanc, si tu l'aimes mieux; car tu es aussi pâle que la mort.

— Pâle! répliqua Laurent sans savoir ce qu'il disait. Il se retourna vivement, pour éviter tous les regards : sa conscience se reflétait sur son visage, et sa faute se lisait dans ses yeux. Il eut un instant envie de se jeter aux pieds de Jean et de lui avouer son crime : il redoutait le moment où le vol serait découvert; mais soit honte, soit tout autre sentiment, il refoula cette pensée dans son cœur, et se dirigea machinalement vers l'écurie. Il chercha toute la journée avec l'aide de son complice, à tranquilliser son esprit et à se distraire de ses remords par un bavardage incessant sur le combat de coqs qui avait lieu le lendemain.

Pendant ce temps-là, Jean, revenu de l'église, s'occupa à faire des préparatifs pour la réception de sa maîtresse, réception dont il avait informé sa mère. Mme Preston s'occupait de sa cuisine et de son petit salon, pendant que Jean cueillait les fraises.

« Comme tu es content aujourd'hui ! disait la mère, au moment où Jean apportait les fraises et dansait dans le salon ; c'est cependant demain le jour de la foire où Pied-Léger doit être vendu. J'ai prié le fermier Truck de venir ce soir ; je pense qu'il ne manquera pas, et je désire que tu sois là, Jean.

— J'y serai, » répondit l'enfant, qui avait peine à garder son secret, et roulait son chapeau entre ses mains.

Sur ces entrefaites, une voiture passa sous la croisée et s'arrêta devant la porte. Jean s'empressa d'ouvrir, et sa maîtresse entra aussitôt, faisant compliment à la dame Preston sur la propreté de sa maison.

On frappa de nouveau à la porte.

« Ouvre, dit la mère à son fils, je crois que c'est la laitière qui apporte le lait. » C'était le fermier Truck qui venait chercher Pied-Léger; la pauvre mère changea aussitôt de visage, et dit à son fils : « Fais partir Pied-Léger. » Mais Jean était déjà à l'écurie, au grand étonnement du fermier.

« Asseyez-vous, » dit la veuve Preston en s'adressant à Truck; puis, après quelques minutes d'attente : « Si madame savait combien Jean était attaché à ce pauvre Pied-Léger! » Et séchant une larme : « Il ne le laissait jamais manquer de rien. Asseyez-vous donc, voisin! »

Le fermier avait à peine pris un siége que Jean rentra, la figure toute décomposée, blanc comme la neige.

« Qu'y a-t-il? s'écria la maîtresse.

— Que Dieu prenne pitié de mon enfant! dit la mère en le regardant d'un air inquiet; et elle s'avança vers lui.

— Tout est perdu! s'écria Jean qui fondait en larmes.

— Qu'est-ce qui est perdu? demanda la mère.

— Mes deux guinées, les deux guinées de Pied-Léger. Je voulais vous les donner, ma mère, mais le pot dans lequel je les avais placées est disparu. Tout est perdu, ajouta-t-il avec un gros soupir. Je les avais hier soir, j'étais si heureux de les avoir gagnées moi-même, je me faisais une si grande fête de votre surprise...! Maintenant tout est perdu! »

La mère était fort étonnée; quant à la dame, elle garda un instant le silence, et, regardant attentivement Jean et sa mère, comme si elle eût douté de cette histoire et qu'elle eût craint d'être victime de sa compassion, elle s'adressa d'un ton sévère à l'enfant :

« C'est bien étonnant, lui dit-elle. Comment avez-vous pu placer votre argent dans un pot, et le pot dans une étable? Pourquoi ne l'avoir pas donné à garder à votre mère?

— Vous ne vous rappelez donc pas, madame, répondit Jean, que vous m'aviez dit hier de ne le lui donner qu'en votre présence?

— Et vous ne lui en avez pas parlé?

— Demandez à ma mère, dit Jean un peu offensé.

— Oh! Jean, mon Jean bien-aimé, s'écria Mme Preston, parle à madame.

— J'ai parlé, répondit-il, j'ai dit la vérité, et madame ne veut pas me croire. »

La dame, qui avait vécu beaucoup dans le monde, et qui avait vu ces sortes de scènes se renouveler assez fréquemment, engagea Jean à essuyer ses pleurs et à conclure le marché, l'assurant que l'argent se retrouverait. Le pauvre garçon fit sur lui-même un violent effort, et alla chercher Pied-Léger.

La dame s'était rapprochée de la croisée, de manière à voir tout ce qui allait se passer. Mme Preston était sur sa porte, et de nombreux curieux, voyant une voiture arrêtée, stationnaient, faisant toutes sortes de conjectures.

Jean entra un instant après, amenant Pied-Léger, et s'approcha du fermier, lui mit dans la main la bride du cheval et lui dit : « C'est un bon cheval.

— Il paraît du moins l'avoir été.

— Il l'est, je vous en réponds, c'est un bon cheval! » Et ce disant, il le caressait et approchait sa tête de la sienne.

A ce moment entra une laitière; elle déposa son seau par terre, s'approcha de Jean, lui mit le poing sous la figure, et le regardant en face :

« Me connais-tu? dit-elle.

— Je ne crois pas, répondit Jean; votre figure ne m'est pas inconnue, mais je ne me rappelle pas où je vous ai vue.

— Vraiment, dit-elle en ouvrant sa main, mais alors tu te souviendras mieux d'avoir vu ceci, et tu nous diras sans doute ce que tu en voulais faire. »

En achevant ces mots elle lui présenta un penny d'argent. « Quoi! s'écria Jean tout surpris; et où avez-vous trouvé cela? dites-le-moi, je vous en prie! Savez-vous où est le reste de mon argent?

— Je ne sais rien de ton argent ; je ne sais même pas ce que tu veux dire, reprit la laitière. Réponds-moi seulement : d'où tiens-tu cette pièce ? on ne te l'a pas donnée, je suppose ? »

Et elle s'apprêtait à frapper le pauvre enfant, lorsque la dame appela Jean et crut devoir se mêler à l'entretien et chercher à éclaircir l'affaire la pièce de monnaie.

« Oui, madame, dit la laitière en prenant un coin de son tablier, je venais ici par hasard, car ma Betty est malade ; j'apportais donc le lait moi-même, puisque ma Betty.... Vous connaissez ma Betty, dit-elle à Mme Preston en se retournant de son côté, ma Betty qui vous sert, ma Betty infatigable ?

— Je n'en doute point, repartit la dame impatientée ; mais arrivons, je vous en conjure, à la pièce de monnaie.

— Oh ! c'est vrai ; pendant que je venais ici, et que pour abréger mon chemin je suivais la prairie que vous voyez là-bas.... Vous ne pouvez la voir d'où vous êtes, mais venez ici et je vous montrerai....

— C'est bien, je vois.

— Je connais l'endroit, ajouta aussitôt Jean avec anxiété.

— Eh bien donc, pendant que je suivais la prairie, je vis partir de la haie deux garçons, l'un comme toi, fit-elle en désignant Jean du doigt, et je pense que c'était toi-même, l'autre un peu plus grand et d'une mauvaise figure, car pour celui-là je l'ai vu. J'aurais bien voulu les suivre, mais ils marchaient si vite que cela me fut impossible ; je me contentai alors de les regarder et de voir ce qu'ils allaient faire. Je les vis entrer dans l'enclos de Mme Preston, aller à l'écurie, essayer d'ouvrir la porte, et, comme elle était fermée par une petite corde, ils prirent un couteau et la coupèrent. Vous n'avez pas de couteau, que je vous montre.... »

Puis, lorsque le fermier lui eut fait passer le sien, elle ajouta :

« Là, dans le manche du couteau, se trouvait la pièce de monnaie : elle tomba par terre ; mais les deux garçons étaient si occupés qu'ils n'y prirent pas garde ; ils ouvrirent la porte et ne tardèrent pas à s'éloigner. C'est alors que je m'approchai et que je vis avec surprise cette pièce de monnaie que mon mari m'avait donnée et que j'avais conservée pendant longtemps. Me diras-tu à présent, ajouta-t'elle avec colère, comment mon penny d'argent se trouvait dans le manche de ton couteau ?

— Ce n'est pas moi que vous avez vu, répondit Jean ; mais quant à votre penny, je le reconnais ; votre mari me l'a donné, et je ne comprends pas comment il pouvait se trouver en d'autres mains que les miennes.

— C'est, dit le fermier, que les deux mauvais sujets l'ont volé en même temps que votre argent.

— Oh! quel éclaircissement, répondit Jean ; courons après eux.

— Attendez, interrompit la dame ; mon domestique ira à votre place, Jean, et il montera à cheval, pour aller plus vite.

— Qu'il suive la route et moi le chemin de traverse, dit Truck, et nous ne tarderons pas à les rattraper. »

Pendant qu'ils étaient ainsi à la poursuite des voleurs, la dame fit venir son cocher et lui ordonna d'apporter ce qu'elle avait commandé. C'était un superbe harnachement, que le cocher plaça sur le dos de Pied-Léger.

« Oh! que c'est beau! s'écria Jean dans le ravissement.

— Tu pourras en jouir, mon garçon, dit la dame ; car tout est à toi. »

Les habitants du village se réunirent bientôt auprès de la chaumière de la veuve Preston ; chacun voulait connaître cette histoire, et apprendre de la bouche même du héros comment il avait pu s'attirer la générosité de la dame.

Les voleurs furent arrêtés ; le fermier et le domestique les amenèrent tous les deux ; Jean reconnut aussitôt la jaquette rouge que portait le valet d'écurie, et jetant ses regards sur son complice, il se dit : « C'est lui, ce doit être lui, le malheureux, ce doit être Laurent. »

A ce moment une grande rumeur s'éleva ; un homme à moitié ivre criait qu'il voulait voir, qu'il avait le droit de voir les voleurs, et que rien ne pourrait l'en empêcher ; il força toutes les résistances, il s'approcha des malfaiteurs et soulevant le chapeau que l'un d'eux avait enfoncé sur ses yeux pour n'être pas reconnu :

« Laurent ! » s'écria le malheureux père, et il s'affaissa sur lui-même, accablé par la douleur.

Laurent se jeta aux genoux de son père, implora son pardon, et confessa toutes les circonstances du crime.

« Si jeune et si méchant ! Qui a donc pu vous pervertir à ce point ?

— Ce sont les mauvaises liaisons, répondit Laurent.

— Où et comment avez-vous fait de mauvaises liaisons ?

— Je ne sais. »

Pendant ce temps, le fermier fouilla les poches de Laurent, et en retira l'argent volé à Jean. Les enfants qui étaient présents ne savaient que penser de leur ancien camarade. Les parents se frottaient les mains en disant : « Ce ne sont pas nos enfants qui auraient fait cela ; » et quelques-uns rappelaient à ce sujet qu'ils l'avaient averti maintes fois que la paresse menait à tous les vices.

Quant au valet d'écurie, qui conserva, même en présence des aveux de Laurent, une contenance insolente, chacun désirait de le voir jeter en prison. Les accusations de la laitière soulevèrent contre lui l'indignation générale.

« Il faut, dit le fermier, le mener à la prison de Bristol.

— Oh ! dit Jean en prenant les mains de Laurent, laissez-le libre, laissez-le aller, je vous en prie.

— Et moi aussi, ajouta la mère Preston, songez au déshonneur qui va retomber sur sa famille. »

Le père de Laurent, en proie aux plus cruelles angoisses, s'écriait :

« C'est ma faute, c'est ma faute, c'est moi qui l'ai élevé dans la paresse....

— Laissez-le emmener en prison, dit Truck ; il est trop jeune pour être condamné sévèrement ; et il vaut mieux pour lui passer quelques jours à présent dans la prison de Bredewel que d'achever de se pervertir ou d'aller dans cinq ans aux galères. »

On n'en dit pas davantage ; chacun approuva le fermier.

Laurent fut incarcéré pendant un mois à Bredewell, et son complice envoyé à Botany-Bey.

Pendant son incarcération, Laurent reçut de fréquentes visites de Jean, dont l'excellent naturel se montrait ainsi au grand jour. Laurent fut touché de la bonté de celui qu'il avait dévalisé, et, lorsqu'il sortit de prison, il se mit au travail. Bientôt, au grand étonnement de tous ceux qui le connaissaient, il se fit remarquer par son aptitude et par son activité; on le voyait toujours occupé, et, son caractère changeant sous l'influence bienfaisante du bon exemple, il perdit pour toujours le nom de Laurent le paresseux.

Jean soignait Pied-Léger. (Page 189.)

IL N'Y A PAS DE PETITE ÉCONOMIE

ou

AYEZ TOUJOURS DEUX CORDES A VOTRE ARC

Un pauvre vieillard tendit son chapeau. (Page 191.)

IL N'Y A PAS DE PETITE ÉCONOMIE.

M. Gresham, négociant de Bristol, après avoir réalisé dans les affaires une fortune considérable, à force de travail et d'économie, s'était retiré dans l'habitation qu'il avait fait construire aux Dunes, près de Clifton. Mais cet honnête commerçant ne considérait pas une belle maison toute neuve comme le *nec plus ultra* du bonheur, et il n'avait pas l'intention de vivre dans une complète inaction, au sein du luxe et de l'abondance. Une existence oisive était aussi incompatible avec ses goûts que contraire à ses principes. Il aimait beaucoup les enfants, et, comme il n'avait pas de fils, il prit la résolution d'adopter un de ses parents. Dans cette intention, il invita ses deux neveux à venir passer quelque temps auprès de lui, espérant trouver ainsi l'occasion d'apprécier leur caractère et de reconnaître leurs bonnes et leurs mauvaises dispositions.

Henri et Benjamin étaient âgés d'environ dix ans. Ils avaient reçu une éducation tout opposée. Henri appartenait à la branche aînée de la famille. Son père, qui vivait en grand seigneur, dépensait au delà de ses revenus, et le jeune Henri, à l'exemple des serviteurs de la maison, aux soins desquels son enfance avait été abandonnée, avait contracté de bonne heure des habitudes de prodigalité. On lui avait dit « qu'un homme comme il faut ne doit jamais s'inquiéter de rien épargner, » et il était malheureusement imbu de ce préjugé, que la dissipation est un signe de générosité, et l'économie une marque d'avarice.

Benjamin, au contraire, avait pris des habitudes de soin et de prévoyance. Son père ne possédait qu'une très-médiocre fortune ; mais il désirait voir son fils bien pénétré de cette vérité, que l'économie assure l'indépendance et donne quelquefois à ceux qui ne sont pas riches la possibilité de se montrer généreux.

Le lendemain de leur arrivée, les deux cousins furent très-empressés à visiter la maison. M. Gresham les accompagna afin de remarquer ce qui les frapperait le plus dans cette exploration.

« Ah ! quel excellent précepte ! s'écria Benjamin en lisant les mots suivants, qui étaient écrits en gros caractères au-dessus de la cheminée, dans la vaste cuisine de son oncle :

IL N'Y A PAS DE PETITE ÉCONOMIE

— Il n'y a pas de petite économie? répéta son cousin Henri d'un ton de souverain mépris. Je crois que ce précepte mesquin s'adresse aux domestiques ; mais il n'y a pas un domestique de bonne maison, et surtout un cuisinier bien appris, qui supportât d'avoir constamment sous les yeux une devise de la sorte. »

Benjamin, qui n'était pas aussi versé que son cousin dans les usages et dans les goûts des domestiques et des cuisiniers de bonne maison, ne répondit rien à ces observations.

M. Gresham fut obligé de descendre pendant

que ses neveux parcouraient les autres pièces de la maison. Quelques instants après les avoir laissés seuls; il les entendit parler dans le vestibule.

« Enfants, dit-il, que faites-vous là?

— Rien, monsieur, répondit Henri; vous nous avez quittés, et nous ne savons plus quel chemin suivre.

— Est-ce que vous n'avez rien à faire? reprit M. Gresham.

— Non, monsieur, rien, reprit Henri du ton nonchalant d'un enfant qui est accoutumé à cet état de paresse.

— Non, monsieur, rien! répéta Benjamin d'une voix chagrine.

— Venez! puisque vous n'avez rien à faire, vous voudrez bien déplier ces deux paquets pour moi? »

Les deux paquets étaient exactement pareils, et ficelés l'un et l'autre avec une excellente corde à fouet. Benjamin plaça le sien sur une table et, après avoir brisé la cire à cacheter, il examina attentivement le nœud et le défit avec précaution. Henri ne se dérangea pas de l'endroit où le paquet avait été mis entre ses mains. Il essaya d'arracher la ficelle de force, d'abord par un coin, ensuite par un autre.

« En vérité, on dirait que ces gens-là ont attaché leur paquet comme si on ne devait jamais l'ouvrir, dit-il en tirant sur la ficelle : et il serra le nœud plus fort au lieu de le défaire. Benjamin ! comment avez-vous pu dénouer le vôtre?.... Qu'y a-t-il là dedans? je ne puis détacher le mien, maudite ficelle ! Il faut la couper....

— Oh ! non, dit Benjamin, qui venait de défaire le dernier nœud de son paquet et qui traînait avec satisfaction la longue ficelle qu'il avait détachée. Ne la coupez pas Henri, Voyez la jolie corde mince et forte ; la vôtre est toute pareille ; ce serait dommage de la couper. *Il n'y a pas de petite économie*, vous savez !

— Bast ! fit Henri, que signifie un bout de ficelle ?
— C'est une corde de fouet !
— Soit une corde de fouet. Que signifie un bout de corde de fouet? On peut en avoir une deux fois plus longue que celle-ci, pour quatre sous ! Et qui n'a pas quatre sous? Allons, une, deux, ajouta-t-il en tirant un couteau, et il coupa la ficelle en plusieurs morceaux.

— Eh bien ! mes enfants, avez-vous défait mes deux paquets ? demanda M. Gresham en ouvrant la porte.

— Oui, monsieur, cria Henri, qui traînait le sien encore à demi ficelé... Voici le paquet !

— Et voici le mien, mon oncle, avec la ficelle qui l'attachait, dit Benjamin.

— Tu peux garder la ficelle pour ta peine.

— Je vous remercie. C'est une excellente corde.

— Et toi, Henri, continua M. Gresham, garde la tienne, si elle peut te servir à quelque chose.

— Merci, mon oncle; mais elle n'est bonne à rien.

— Je le crains en effet, » reprit ce dernier, en examinant les restes de la corde d'Henri.

Quelques jours après M. Gresham donna à chacun de ses neveux une toupie neuve.

« Tiens! dit Henri, nos toupies n'ont pas de ficelle. Comment allons-nous faire?

« J'en ai une qui, je crois, ira très-bien à mon sabot, dit Benjamin; et il tira de sa poche celle du paquet qu'il avait conservée.

— Je voudrais bien en avoir une aussi, moi. Que faire?... Ma foi, tant pis; je vais prendre le cordon qui entoure mon chapeau.

Mais ensuite, comment feras-tu?

— Oh! Je m'en passerai bien, » répondit Henri. Et il détacha le cordon de son chapeau.

Il ne tarda pas à détériorer sa toupie. Il serrait si fort sur la pointe qu'il la fendit bientôt. Le lendemain, son cousin lui prêta la sienne. Mais Henri n'était pas plus soigneux du bien des autres que ce qui lui appartenait. Il n'avait pas joué une demi-heure avec la toupie de Benjamin, qu'il la fendit en deux pour l'avoir lancée avec trop de force sur la pointe.

Benjamin supporta gaiement ce malheur.

« C'est irréparable, dit-il ; donne-moi seulement la ficelle, qui peut encore servir. »

Une dame qui s'était liée assez intimement à Bath avec la mère d'Henri, en faisant sa partie pendant l'hiver, arriva à Clifton peu de temps après cet accident. Elle apprit qu'Henri était chez M. Gresham, et envoya ses fils prier leur ancien camarade de venir passer le jour suivant avec eux.

Henri accepta avec joie l'invitation. C'était un grand bonheur pour lui d'aller dîner dehors. Cela lui donnait l'occasion de faire ou du moins de dire quelque chose; et puis on l'avait toujours entretenu dans cette idée que c'est un honneur de fréquenter le grand monde; or lady Diana Sweepstakes était ce qu'on appelle une grande dame, et ses deux fils devaient être un jour de véritables *gentlemen*.

Henri était tout hors de lui quand les deux jeunes gens frappèrent le lendemain à la porte de son oncle; au moment où il allait entrer au salon pour les recevoir, la petite Patty l'appela du haut de l'escalier et lui dit qu'il avait laissé tomber son mouchoir.

« Eh bien! ramasse-le, et apporte-le-moi bien vite, cria Henri; car les fils de lady Diana m'attendent. »

La petite Patty ne connaissait pas le moins du monde les fils de lady Diana; mais elle était si obligeante, et elle voyait son cousin tellement empressé, qu'elle descendit rapidement vers le carré où était tombé le mouchoir. Par malheur avant d'arriver au bas de l'escalier, la pauvre enfant tomba et roula du haut en bas d'un étage. Elle ne fit pas entendre un cri; mais étendue sur le carré, elle se tenait dans l'attitude d'une personne qui éprouve une vive douleur.

« Tu t'es blessée, ma chérie? dit M. Gresham qui s'était élancé en entendant le bruit de la chute de Patty. Où as-tu mal?

— Ici, papa, dit la petite fille, portant la main à la cheville de son pied qu'elle couvrait de sa robe. Je crois que je me suis blessée là; mais ce n'est rien, ajouta-t-elle en essayant de se lever. Pourtant cela me fait mal quand je bouge.

— Je vais t'emporter, dit son père; et il la prit dans ses bras.

— Mon soulier, j'ai perdu un de mes souliers, » s'écria Patty.

Benjamin chercha le soulier dans l'escalier et le trouva accroché à un bout de corde de fouet qui était tortillé autour de la rampe; en détachant la corde, on reconnut celle qu'Henri avait ôtée de son paquet. Il s'était amusé à monter et à descendre au galop les escaliers en frappant sur la rampe avec cette corde, ne la trouvant bonne à aucun autre usage; et, avec sa négligence ordinaire, il l'avait laissée accrochée à l'endroit où il l'avait jetée en entendant sonner la cloche du dîner.

Le pied de la pauvre Patty était horriblement foulé, Henri se repentait vivement de son étourderie, et il se fût peut-être abandonné à ses regrets, si les fils de lady Diana n'étaient venus l'en distraire.

Le soir, Patty ne put pas courir comme d'habitude. Elle resta assise sur le sopha, mais elle dit qu'elle ne songeait pas à son mal, grâce à Benjamin, qui avait la bonté de jouer aux pailles avec elle.

« C'est bien, Benjamin, dit M. Gresham; il ne faut jamais avoir honte de témoigner de la complaisance à ceux qui sont plus jeunes et plus faibles que nous; et personne ne te prendra pour un sot parce que tu joues aux pailles afin d'amuser une enfant de six ans. »

Henri n'était pas tout à fait de l'avis de son oncle. Quand il vit le soir, en arrivant, Benjamin jouer avec sa petite cousine, il ne put s'empêcher de sourire dédaigneusement et de lui demander s'il comptait passer la nuit avec ces joujoux. Il s'informa légèrement de Patty et s'empressa de raconter toutes les nouvelles qu'il avait recueillies chez lady Diana. Il espérait se donner ainsi l'air d'un personnage important.

« Vous ne savez pas, mon oncle ! vous ne savez pas, Benjamin ! s'écria-t-il ; nous verrons au premier jour du mois prochain les choses les plus *délicieuses* qu'on ait jamais vues aux Dunes. Ah ! Dieu, j'ai hâte que cette quinzaine soit écoulée. Je ne pense plus qu'à ce beau jour. »

M. Gresham demanda pourquoi le 1er septembre serait un jour plus heureux que les autres.

« Vous ne savez pas, répondit Henri, que lady Diana monte à cheval d'une manière *délicieuse*, qu'elle tire de l'arc, qu'elle.....

— Je n'en doute pas, dit M. Gresham ; mais où veux-tu en venir ?

— Écoutez-moi donc, mon cher oncle.... Nous allons avoir des courses aux Dunes le 1er septembre, et, après les courses, un tir à l'arc pour les dames. Il y en aura un aussi pour nous autres hommes, Benjamin, et lady Diana doit décerner un prix au plus adroit. Je me suis exercé déjà, et je te ferai voir demain le *délicieux* arc et la flèche que lady Diana m'a donnés. Mais peut-être, ajouta-t-il avec un rire dédaigneux, préfères-tu à un arc des jouets d'enfant. »

Benjamin ne répondit rien sur le moment à cette raillerie ; mais le lendemain, lorsqu'Henri apporta son arc, il lui fit voir qu'il savait parfaitement s'en servir.

« Tu es fort adroit, Benjamin, dit l'oncle, et cependant tu ne t'en vantais pas. Je vais te donner un arc, et je suis sûr qu'en t'exerçant tu pourras devenir un bon tireur pour le 1er septembre.

— Mais, s'écria Henri, si vous voulez que Benjamin concoure pour le prix, il lui faut un costume.

— Pour quelle raison? dit M. Gresham

— Parce que tout le monde en a un. Lady Diana a parlé de ce costume pendant tout le dîner, et il est réglé maintenant, à l'exception des boutons. Ceux des jeunes Sweepstakes seront faits les premiers et serviront de modèles. Ils seront blancs et verts; ce sera très-beau, j'en suis sûr. Je vais écrire ce soir à ma mère au sujet du mien, ainsi que m'y a engagé lady Diana. Je la prierai de me répondre sans faute, courrier par courrier; si maman fait quelque objection, ce qui n'est pas probable, parce qu'elle ne regarde jamais à la dépense, je commanderai mon costume chez le tailleur de lady Diana.

— Miséricorde! s'écria M. Gresham, qui était tout étourdi de la volubilité avec laquelle tout ce discours avait été prononcé. Puis il ajouta d'un air de simplicité : Je ne prétends pas être initié à toutes ces belles choses, mais je m'informerai; tu t'informeras, Benjamin, et, si tu crois un costume indispensable, je t'en donnerai un.

— Vous, mon oncle! comment, en vérité! reprit

Henri saisi d'étonnement. Ma foi, c'est la chose du monde à laquelle je me serais le moins attendu. Je ne vous aurais jamais cru de ces gens qui peuvent s'occuper d'un costume; je supposais que vous eussiez trouvé extravagant qu'on fît faire un habit pour s'en servir un seul jour; et là-dessus lady Diana pense tout comme moi, car, lorsque je lui citais la devise de votre cheminée de cuisine : IL N'Y A PAS DE PETITE ÉCONOMIE, elle se mit à rire, et me dit que je ferais bien de ne pas vous parler de mon costume et de m'adresser pour cela directement à ma mère. Mais je vais dire à lady Diana combien vous êtes bon, mon oncle, et lui apprendre à quel point elle s'était trompée.

— Prends garde, dit M. Gresham, cette dame ne s'est peut-être pas trompée du tout.

— Mais ne venez-vous pas de dire que vous donneriez un costume à Benjamin?

— Oui, mais j'ai dit : « S'il le croit indispensable. »

— Je réponds qu'il vous en demandera un. On ne peut pas s'en passer.

— Laisse au moins Benjamin en juger par lui-même.

— Mais, mon cher oncle, je vous assure, dit Henri avec vivacité, que la chose est toute jugée; je vous donne ma parole que lady Diana a décidé que ses fils auraient des costumes verts et blancs avec une cocarde de même couleur à leurs chapeaux.

— C'est possible, dit M. Gresham en conservant toujours le même calme. Allons, mettez vos chapeaux et venez avec moi ; je connais un monsieur dont les fils seront certainement à ce tir à l'arc ; nous aurons chez lui toutes les informations nécessaires. Puis, quand nous l'aurons vu (il n'est pas encore onze heures), nous aurons le temps d'aller jusqu'à Bristol et d'acheter de l'étoffe pour le costume de Benjamin, s'il lui en faut un absolument.

— Je ne sais que conclure de tout ce qu'il a dit, murmura Henri à l'oreille de Benjamin, en allant chercher son chapeau. Crois-tu qu'il ait l'intention de te donner ce costume?

— Je crois qu'il m'en donnera un si c'est nécessaire, ou plutôt si je le trouve moi-même nécessaire, répondit Benjamin.

— Demandes-en un, ou tu n'es qu'un sot, crois-moi ; tu ne peux pas t'en passer ; je le sais bien, moi, qui ai dîné hier encore avec lady Diana, et qui connais le programme de la fête depuis le commencement jusqu'à la fin. Je suis bien convaincu que ce monsieur chez qui nous allons va dire exactement comme moi.

— Nous verrons, dit Benjamin avec une tranquillité qu'Henri ne pouvait pas comprendre quand il s'agissait d'une affaire de toilette

Le monsieur chez qui alla M. Gresham avait trois fils, qui tous devaient assister au tir à l'arc, et tous trois affirmèrent en présence d'Henri et de Benjamin, qu'ils n'avaient jamais eu la pensée d'acheter un costume pour cette occasion, et qu'ils ne pouvaient citer parmi toutes leurs connaissances que deux ou trois jeunes gens qui eussent l'intention de faire cette dépense inutile.

Henri fut tout surpris.

« Telle est la différence des opinions sur les grandes affaires de la vie, dit M. Gresham en regardant ses neveux. Vous entendez déclarer indispensable par certaines gens ce que d'autres regardent comme tout à fait inutile. Ce qu'il y a de mieux à faire en pareille circonstance, mes amis, c'est de juger par soi-même de quel côté sont les gens et les opinions les plus raisonnables. »

Henri était plus accoutumé à considérer ce qui est à la mode que ce qui est raisonnable. Sans comprendre le sens des paroles de son oncle, il lui répondit avec étourderie : « Ma foi, je ne m'occupe pas de ce que tout le monde pense ; je sais seulement ce que m'a dit lady Diana Sweepstakes. »

Il espérait que le nom d'une femme du monde allait inspirer le respect à toutes les personnes présentes. Sa surprise fut grande de voir sur chaque visage un sourire de raillerie. Mais il fut presque hors de lui quand il entendit parler de lady Diana comme d'une femme nulle, extravagante, ridicule, et dont on devait soigneusement éviter l'exemple, au lieu de chercher à l'imiter.

« Eh bien ! monsieur Henri, dit M. Gresham en souriant, voilà de ces choses que l'expérience apprend aux jeunes gens. Tout le monde ne juge pas de la même manière les caractères. Telle personne que l'on admire dans un salon est critiquée dans un autre ; de sorte qu'il vaut mieux s'en tenir à ce précepte : « Apprends à juger par toi-même. »

Henri avait l'esprit trop occupé de son costume pour être en état de rien discerner avec justesse. La visite terminée, l'oncle et les deux cousins se dirigèrent vers la route de Bristol, et, chemin faisant, Henri ne cessa de répéter tout ce qu'il avait déjà dit de la fête, de son costume et de lady Diana.

M. Gresham laissa tous les raisonnements du jeune homme sans réponse. Celui-ci n'en eût pas moins parlé beaucoup plus longtemps sur ce sujet qui captivait si fort son attention, si son odorat et ses yeux n'avaient été frappés tout à coup du parfum délicieux et de la vue appétissante de gâteaux aux confitures étalés dans la boutique d'un pâtissier.

« Oh ! mon oncle, voyez donc les belles pâtisseries. Il faut que j'en achète ; j'ai justement de l'argent dans ma poche.

— Parce que tu as de l'argent dans ta poche, est-ce une raison pour manger? dit en riant M. Gresham.

— Mais mon oncle j'ai réellement faim, répondit Henri, il y a déjà longtemps que nous avons déjeuné.

M. Gresham avait l'habitude de laisser à ses neveux une grande liberté, afin de mieux éprouver le caractère de chacun d'eux, et il leur permit de faire ce qui leur serait agréable.

« Viens, Benjamin, si tu as de l'argent, dit Henri.

— Je n'ai pas faim, mon cousin.

— Cela veut dire, sans doute, que tu n'as pas d'argent, dit Henri en riant d'un air de supériorité qu'il croyait permis aux riches vis-à-vis de ceux qui leur semblent plus pauvres ou plus économes.

— Il n'y a pas de petite épargne, » se dit Benjamin, qui ne manquait pas d'argent, comme le supposait son cousin.

Henri s'avança vers la boutique du pâtissier. Au même instant, un pauvre vieillard, qui balayait le détour de la route conduisant au pays de Galles, tendit son chapeau à Benjamin. Celui-ci, après avoir jeté les yeux sur le balai tout usé du mendiant, lui remit immédiatement deux pences, en disant : « Je voudrais en donner davantage, mais je ne puis faire que cela. »

Henri sortit de chez le pâtissier tenant à la main son chapeau plein de gâteaux.

Le chien du marchand, assis devant la porte de son maître, regardait d'un œil de convoitise Henri qui était en train de manger un gâteau à la reine.

Celui-ci, toujours prodigue, jeta un gâteau tout entier au chien, qui n'en fit qu'une bouchée.

« Voilà pour deux sous de pâtisserie, » dit M. Gresham.

Henri offrit des gâteaux à son oncle et à son cousin ; mais ceux-ci le remercièrent, parce qu'ils n'avaient pas faim. Alors il se mit à manger comme un glouton, jusqu'à ce que, n'en pouvant plus, il s'écria : « Cette tartelette n'est pas bonne après le gâteau à la reine ; je n'en veux plus et il allait la jeter dans la rivière.

— Oh ! ne jette pas cette tartelette, dit Benjamin, tu seras peut-être content de la trouver dans un autre instant ; donne-la-moi plutôt.

— Je croyais que tu n'avais pas faim, dit Henri.

— Il est vrai que je n'ai pas faim maintenant, mais ce n'est pas une raison pour ne rien manger plus tard.

— Eh bien ! voici ce gâteau, prends-le ; il m'a rendu malade, je n'y tiens plus.

Benjamin enveloppa le reste du gâteau de son cousin dans un morceau de papier, et le mit dans sa poche.

« Je commence à être bien fatigué ou plutôt je suis malade, dit Henri un peu plus loin. Il y a une station de voitures à quelques pas d'ici ; nous devrions en prendre une, au lieu d'aller à pied jusqu'à Bristol.

— Pour un tireur à l'arc, tu supportes bien mal la fatigue, dit M. Gresham. Mais je ne demande pas mieux que de prendre une voiture, d'autant plus que Benjamin m'a prié hier de le mener voir la cathédrale, et je ne pourrais peut-être pas moi-même marcher jusque-là, quoique je ne sois pas malade d'avoir mangé trop de gâteaux.

— La cathédrale ! s'écria Henri un quart d'heure après être monté en voiture, alors qu'il commençait à se trouver un peu mieux. La cathédrale ! Est-ce que nous n'allons à Bristol que pour cela ? Je croyais que nous devions aussi nous occuper d'un costume. »

Henri prononça ces mots d'un air si piteux et si désappointé, qu'il semblait s'éveiller d'un rêve, et que son oncle et son cousin ne purent s'empêcher d'éclater de rire.

« Mais, mon oncle, reprit-il d'un ton piqué, n'avez-vous pas dit que nous irions chez le tailleur chercher de l'étoffe pour un costume ?

— C'est vrai, dit M. Gresham, je veux bien que nous y allions, Mais cela n'emploiera pas toute notre matinée. Nous avons tout le temps de choisir un costume et de visiter la cathédrale. »

Ce fut à la cathédrale qu'on se rendit d'abord. Henri était trop préoccupé de sa toilette pour admirer les vitraux, qui attirèrent immédiatement l'attention de Benjamin. Celui-ci ne se lassait pas de regarder ces magnifiques peintures sur verre et toutes celles qui couvrent les murailles et le plafond.

M. Gresham, qui connaissait son désir de s'instruire, profita de cette occasion pour lui dire, au sujet de l'art perdu de la peinture sur verre et de l'architecture gothique, une foule de choses qu'Henri trouva extrêmement ennuyeuses.

« Viens donc, Benjamin, disait-il, viens donc, nous serons en retard. Que vois-tu donc de si beau sur ces fenêtres bleues et rouges ?

— J'admire ces figures.

— Quand nous serons de retour à la maison, mon ami, dit M. Gresham, je te ferai voir un ouvrage très-intéressant sur ces figures coloriées.

— Écoutez, s'écria tout à coup Benjamin. Entendez-vous ce bruit ?

Tous trois écoutèrent, et ils entendirent un oiseau qui chantait dans la cathédrale.

« C'est notre vieux rouge-gorge, dit le jeune

homme qui avait ouvert la porte de la cathédrale.

— Oui, dit M. Gresham ; tenez, mes enfants, le voici perché sur l'orgue ; il se tient souvent là, et chante pendant que l'organiste joue.

— Il a déjà passé ici bien des hivers, ajouta le gardien ; on dit qu'il a quinze ans, et il est tellement apprivoisé que, si j'avais un morceau de pain, il descendrait le manger dans ma main.

— J'ai un morceau de tartelette, s'écria joyeusement Benjamin, tirant de sa poche les restes qu'Henri avait voulu jeter à la rivière.... Je vous en prie, faites venir le rouge-gorge manger dans votre main. »

Le gardien émietta la tartelette et appela l'oiseau, qui battit des ailes et gazouilla de plaisir en apercevant le pain. Mais il ne quitta pas l'orgue.

« Il a peur de nous, dit Benjamin. Il n'a sans doute pas l'habitude de manger devant des étrangers.

— Ah! ce n'est pas cela, monsieur, dit le jeune homme avec un profond soupir. Il ne craint pas de manger en public ; il fut un temps où, malgré la présence d'une foule de personnes, il venait à mon premier appel prendre des miettes dans ma main. Ce n'est pas sa faute s'il ne descend pas maintenant, le pauvre petit. Il ne me reconnaît plus depuis l'accident qui m'est arrivé, depuis que j'ai ce bandeau. » Et le jeune homme portait la main à son œil droit, que recouvrait un bandeau noir.

Benjamin lui demanda quel accident lui était arrivé. Alors il raconta que quelques semaines auparavant, en passant dans les rochers de Clifton, pendant que l'on faisait sauter une mine, il avait été atteint d'une pierre à l'œil droit.

« Je m'en désole peu pour moi-même, monsieur, dit le jeune homme, mais je ne puis plus travailler aussi bien qu'autrefois pour ma mère qui est paralytique ; et puis j'ai plusieurs frères et sœurs qui sont tout jeunes et qui ne peuvent pas encore se suffire, malgré toute leur bonne volonté.

— Où demeure votre mère ! demanda M. Gresham.

— Pas loin d'ici, monsieur, tout près de la porte de l'église ; c'est elle qui la montrait autrefois aux étrangers, avant d'avoir perdu l'usage de ses membres.

— Allons chez elle, mon oncle, » dit Benjamin. Et ils sortirent de la cathédrale.

Ils entrèrent dans la demeure de la pauvre femme : c'était plutôt une cabane qu'une maison ; mais, si pauvre qu'elle fût, tout y était d'une extrême propreté.

La vieille était assise sur son lit et dévidait de la laine : trois enfants pâles, maigres et à demi vêtus, étaient occupés, les uns à piquer des épingles sur une feuille de papier pour un épinglier, les autres à trier des chiffons pour un fabricant de papier.

« Quel horrible réduit! dit Henri en soupirant; je ne croyais pas qu'il y eût au monde rien d'aussi triste. J'avais aperçu souvent des maisons bien misérables en me promenant par la ville dans la voiture de ma mère, mais je n'en avais jamais vu l'intérieur et je n'en connaissais pas les habitants... C'est horrible, en vérité, de penser que ces gens sont obligés de vivre ici. Je voudrais que mère m'envoyât plus d'argent pour que je pusse les soulager. J'avais un écu; mais, ajouta-t-il en tâtant ses poches, j'ai dépensé mon dernier schelling pour ces mauvais gâteaux qui m'ont fait mal. Ah! je voudrais bien avoir mon schelling; maintenant je le donnerais de bon cœur à ces pauvres gens. »

Benjamin gardait le silence. Il n'était pas moins touché de compassion que son cousin. Seulement il y avait une différence dans la douleur des deux jeunes gens.

Henri était à peine remonté dans la voiture qu'il avait oublié le spectacle de misère auquel il venait d'assister; la vue des charmants magasins de Windstreet et la pensée de son costume l'absorbaient tout entier.

La vieille femme était assise sur son lit et dévidait de la laine. (Page 255.)

« Ah! maintenant, voyons nos costumes, dit-il en sautant joyeusement hors de la voiture, au moment où son oncle venait de la faire arrêter devant la porte d'un marchand de draps.

— Mon oncle, dit Benjamin à M. Gresham avant de descendre, je ne crois pas qu'un costume me soit nécessaire; je vous suis reconnaissant de votre bonté, mais j'aime autant que vous ne fassiez pas cette dépense pour moi.

— Laisse-moi descendre et nous verrons ensuite, dit M. Gresham; peut-être changeras-tu d'avis à la vue des belles étoffes vertes et blanches et des épaulettes.

— Oh! assurément non, » dit Benjamin en riant.

Les étoffes et les épaulettes furent apportées à la grande satisfaction d'Henri. M. Gresham prit une plume et calcula pendant un instant; puis, présentant à ses neveux la feuille de papier sur laquelle il avait tracé ses chiffres, il leur dit : Examinez ceci, et dites-moi s'il n'y a pas d'erreur.

— Examine-le, toi, Benjamin, dit Henri un peu embarrassé; je ne calcule pas très-promptement. »

Benjamin vérifia en un clin d'œil les chiffres de son oncle.

« Est-ce exact? demanda M. Gresham.

— Tout à fait exact, mon oncle.

— Eh bien, par ce calcul, je vois qu'avec la moitié du prix de vos costumes je puis acheter pour chacun de vous un ample et chaud vêtement qui ne vous sera pas inutile, je pense, cet hiver sur les Dunes.

— Oh! mon oncle, dit Henri d'un air alarmé, nous ne sommes pas en hiver. Il ne fait pas encore froid; nous n'avons pas besoin d'ici longtemps de vêtements chauds.

— Ne te rappelles-tu pas, Henri, comme le vent nous glaçait avant-hier quand nous faisions courir notre cerf-volant sur les Dunes?... et puis l'hiver viendra toujours, quoiqu'il soit encore éloigné. »

M. Gresham tira de sa poche six guinées, et il en plaça trois devant Henri et trois devant Benjamin.

« Mes amis, dit-il, je crois que chacun de vos costumes coûtera trois guinées; je vous donne à tous deux cette somme, disposez-en comme il vous plaira. Eh bien! Henri, qu'en dis-tu?

— Mais, dit Henri, un paletot est une excellente chose assurément, et si, comme vous le dites, il coûte moitié moins cher que le costume, il restera beaucoup d'argent.

— Sans doute, environ vingt-cinq schellings.

— Vingt-cinq schellings! Je pourrais acheter une foule de choses avec cette somme. Mais il faudra que je me passe du costume, si j'ai le paletot.

— Certainement.

— Ah! mon oncle, dit Henri avec un soupir et en jetant un regard sur les épaulettes, s'il vous était indifférent que je choisisse le costume...

— Je te laisse libre de prendre ce qui te convient le mieux, dit M. Gresham.

— Eh bien! toutes réflexions faites, je crois qu'il vaut mieux que je prenne le costume, car j'en ai besoin dès à présent. Vous savez que la réunion du tir à l'arc a lieu dans quinze jours; quant au paletot, d'ici aux grands froids, qui n'arriveront probablement pas avant Noël, je prierai papa de me l'acheter, et puis je demanderai de l'argent à ma mère et elle m'en enverra. »

A ce raisonnement, qui ne s'appuyait que sur des espérances, M. Gresham ne fit aucune réponse; mais il acheta l'étoffe pour le costume d'Henri, et ordonna qu'on le fît faire chez le tailleur des fils de lady Diana Sweepstakes.

La joie d'Henri était à son comble.

« Comment dépenserai-je les trois guinées? demanda M. Gresham à Benjamin. Voyons, que désires-tu?

— Un paletot, mon oncle. »

M. Gresham acheta le paletot, et il resta vingt-cinq schellings sur les trois guinées de Benjamin.

« Que veux-tu encore? demanda l'oncle.

— Des flèches, s'il vous plaît : trois flèches.

— Mon ami, je t'ai promis un arc et des flèches.

— Pardon, mon oncle, vous ne m'aviez promis qu'un arc.

— Je ne comptais pas te donner l'un sans l'autre. Mais je suis enchanté de ta modestie, tu auras ces trois flèches. Voyons, continue; comment emploierons-nous tes vingt cinq schellings?

— Si vous le voulez bien, mon oncle, nous achèterons des habits pour ce pauvre jeune homme qui a un bandeau sur l'œil.

— J'ai toujours pensé, dit M. Gresham en serrant la main de Benjamin, que l'économie et la libéralité se tiennent de plus près que ne le croient bien des gens. Choisis des habits pour ce pauvre garçon, mon cher ami, et paye-les.... Je ne te louerai pas de cette action, parce que je sais que tu dois trouver en toi-même ta meilleure récompense. Maintenant, en voiture, mes enfants, et partons : j'ai peur que nous ne soyons en retard. Cependant, Benjamin, il faut que nous portions ce que tu as acheté pour ton protégé. »

Ils retournèrent donc chez le jeune gardien de la cathédrale.

Quand ils furent devant la maison, M. Gresham

fit arrêter la voiture, et Benjamin, son paquet sous le bras, s'élança vers la porte.

« Attends, attends, je te suis, s'écria l'oncle. J'aime à voir faire des heureux autant que toi-même.

— Et moi aussi, s'écria Henri, je vais avet vous. Je regrette presque qu'on ait envoyé si promptement mon costume chez le tailleur. »

Et quand il vit l'impression de bonheur et de reconnaissance avec laquelle le jeune homme recevait le présent de Benjamin, quand il entendit les remercîments de la mère et des petits enfants, Henri soupira et dit : « Heureusement que ma mère m'enverra bientôt de l'argent. »

Cependant, quand il fut de retour à la maison, la vue du *délicieux* arc que lady Sweepstakes avait envoyé lui rappela tous les charmes de son costume vert et blanc, et il ne regretta plus de l'avoir envoyé chez le tailleur.

« Mais je ne comprends pas, mon cousin, dit Patty, pourquoi tu appelles cet arc un arc délicieux. Tu emploies le mot *délicieux* à chaque instant.... Un délicieux uniforme, de délicieuses distractions. Tu disais l'autre jour, je m'en souviens, que nous aurions de délicieuses fêtes aux Dunes le 1ᵉʳ septembre. Que veut dire délicieux?

— Ah! ce que veut dire délicieux?... Ne sais-tu pas ce que cela veut dire? mais c'est un mot que tout le monde emploie, c'est **un mot à la mode**; cela veut dire.... cela veut dire délicieux. »

Patty ne put s'empêcher de dire en riant.

« Voilà une singulière explication.

— Cela ne peut pas mieux s'expliquer, dit Henri. Ce n'est pas ma faute si tu ne comprends pas; tout le monde comprend cela, excepté les enfants. C'est un de ces mots qu'il faut avoir adopté pour être à même de l'expliquer. Il y aura des fêtes délicieuses aux Dunes le 1er septembre, c'est-à-dire que ce sera superbe, magnifique. Mais, après tout, à quoi sert de discuter là-dessus? Donne-moi mon arc; il faut que j'aille m'exercer. »

Benjamin, muni de l'arc et des trois flèches que lui avait donnés son oncle, accompagna Henri, et les deux jeunes gens continuèrent à s'exercer ainsi chaque jour avec persévérance.

Quand les efforts sont égaux, le succès est à peu près égal; aussi Henri et Benjamin, à force d'exercice, devinrent d'excellents tireurs, et il eût été difficile de décider lequel des deux était le plus adroit.

Le 1er septembre si désiré arriva enfin.

« Quel temps fait-il? fut la première question d'Henri et de Benjamin quand ils s'éveillèrent.

— Le soleil brille, mais le vent est piquant et un peu fort.

— Ah! dit Benjamin, je ne serai pas fâché d'avoir mon paletot aujourd'hui; car j'ai dans l'idée qu'il ne fera pas chaud sur les Dunes, surtout quand il faudra que nous restions tranquilles pendant que les autres tireront.

— Oh! moi je n'aurai pas froid, dit Henri en revêtant ses beaux habits et se regardant avec complaisance.

— Bonjour, mon oncle, comment vous portez-vous? dit Henri avec éclat quand il entra pour déjeuner dans la salle à manger.

— Très-bien, je te remercie, » répondit tranquillement M. Gresham sans avoir l'air de s'apercevoir que son neveu était mis autrement qu'à l'ordinaire et qu'il cherchait un compliment.

Henri fut piqué. Personne ne s'occupa de lui plus que d'habitude. A peine si la petite Patty elle-même jeta un regard sur ses épaulettes.

« Papa, dit-elle en déjeunant, mon entorse est parfaitement guérie maintenant. Je pourrai très-bien aller à pied aux Dunes. J'ai bien souffert de cette entorse; mais Benjamin me donnait du courage en jouant aux pailles avec moi : il est si bon, Benjamin! Aussi avec quel plaisir je lui ai raccommodé ses gants hier au soir! Les voici, dit-elle; j'y ai passé beaucoup de temps, mais je les crois assez bien réparés. Tenez, papa, regardez la couture.

— Je ne m'y connais guère, mon enfant, dit

M. Gresham en examinant le gant avec attention, mais il me semble que voilà un point qui est trop long.

— Oh! papa, je vais réparer cela dans une minute; mais je ne croyais pas que vous eussiez si bien examiné mon ouvrage.

— Il ne faut pas te fier à ma vue basse, dit M. Gresham en embrassant sa fille, rien ne m'échappe. Par exemple, je vois très-bien que tu es une petite fille reconnaissante, que tu as le désir d'être utile à ceux qui se sont montrés bons pour toi, et en considération de cela je te pardonne ton point trop long.

— Je réparerai mieux tes gants une autre fois, Benjamin, reprit Patty.

— Oh! moi je les trouve très-bien, et je te remercie beaucoup. Je désirais justement les avoir pour garantir mes mains du froid aujourd'hui, car je ne puis pas me servir de mon arc quand j'ai les doigts engourdis. Tiens, regarde donc, Henri : tu disais que ces gants étaient bons à jeter; ils n'ont pas un trou maintenant.

— Sont-ils ridicules, se dit Henri, de parler si longtemps d'une paire de gants et de ne pas s'occuper de mon costume! Heureusement que lady Diana et ses fils ne manqueront pas de m'en faire compliment, et cela me console. Est-ce que nous n'allons pas bientôt partir? Vous savez que tout le monde se réunit à midi. C'est à une heure que commencent les courses, et lady Diana a recommandé que ses chevaux fussent prêts à dix heures. »

M. Stephen, le sommelier, entra en ce moment et interrompit Henri : « Un pauvre homme qui a un bandeau à l'œil et qui arrive de Bristol, désire parler à ces messieurs. Je lui ai dit qu'ils allaient sortir, mais il prétend qu'il ne les retiendra qu'une minute.

— Faites-le monter, dit M. Gresham.

— Mais je suppose, fit Henri, en soupirant, que M. Stephen se trompe quand il dit : « Ces messieurs ; » ce pauvre homme ne veut sans doute parler qu'à Benjamin. Ah! le voici.... Oh! Benjamin, il a l'habit neuf que vous lui avez donné, dit tout bas Henri qui au fond avait un excellent cœur ; comme il est bien mieux ainsi qu'avec ses haillons! Ah! c'est à vous qu'il s'adresse, Benjamin. »

Le jeune homme salua d'un air qui exprimait toute la reconnaissance dont il était pénétré, mais qui n'avait rien de servile, et il tâcha d'être d'une politesse égale envers les deux cousins.

« J'ai une commission à faire pour le pasteur de notre paroisse à Redland Chapel, au delà des Dunes, dit-il à M. Gresham, et ma mère, sachant que votre maison se trouve sur mon chemin, m'a chargé d'offrir à ces messieurs deux balles de laine qu'elle a faites pour eux. » En disant ces mots, le jeune homme tirait de sa poche deux balles à raies vertes et oranges. « C'est bien peu de chose, monsieur; mais vous ne les dédaignerez pas, j'en suis sûr, en pensant que c'est le travail de ma mère et qu'elle ne peut se servir que de sa main gauche. »

Il présenta les deux balles à Benjamin et à Henri.

« Elles sont toutes deux semblables, messieurs, leur dit-il, et elles sont meilleures que vous ne le supposez peut-être, car elles rebondissent plus haut que votre tête : c'est moi-même qui les ai remplies de liége.

— Elles sont charmantes, et nous vous en remercions sincèrement, » dirent les deux jeunes gens en prenant les balles qu'ils essayèrent immédiatement. Ils les trouvèrent excellentes; elles rebondissaient plus haut que la tête de M. Gresham. La petite Patty sautait de joie quand tout à coup on frappa violemment à la porte.

« Ce sont MM. Sweepstakes qui demandent M. Henri, dit Stephen. Ces messieurs disent que les jeunes gens en costume doivent se rendre aux Dunes tous ensemble, précédés d'un tambour et d'un fifre. Je n'ai peut-être pas parfaitement compris, car ces messieurs parlaient à la fois;

mais je crois que c'est là le sens de leurs paroles.

— Oui, oui, dit Henri avec vivacité, vous ne vous trompez pas : on a décidé cela le jour où j'ai dîné chez lady Diana, et même lady Diana doit se rendre à cheval avec un grand nombre de cavaliers.

— Peu importe, dit M. Gresham, il ne faut pas faire attendre plus longtemps MM. Sweepstakes ; décide-toi, Henri. Veux-tu t'en aller avec eux ou bien avec nous ?

— Mais, mon oncle, il est convenu que tous les costumes doivent être ensemble.

— Eh bien, va-t'en, puisque tu fais partie des costumes, » dit M. Gresham.

Henri descendit avec tant de précipitation qu'il oublia son arc. Benjamin s'en aperçut en prenant le sien, et le jeune homme de Bristol, que M. Gresham avait engagé à déjeuner, entendit faire cette observation :

« Je sais qu'il tenait à porter son arc, disait Benjamin, parce qu'il est orné de rubans de la même couleur que sa cocarde, et que c'est un complément de la tenue de tireur d'arc.

— Si vous voulez me le permettre je vais courir après M. Henri et le lui remettre.

— Je vous serai bien obligé. »

La route des Dunes était couverte de monde ;

toutes les fenêtres étaient garnies de dames en grande toilette qui attendaient le passage de la société des tireurs d'arc.

Cette société se trouvait réunie sur la place, devant la librairie de M. Venley. Elle était prête à se mettre en marche; le tambour n'attendait plus que le signal de lady Diana.

« Où sont votre arc et vos flèches, mon jeune ami? dit tout à coup cette dame à Henri en passant en revue son régiment de bambins ; vous ne pouvez pas marcher sans vos armes. »

Henri les avait envoyé chercher, mais son messager ne revenait pas, et il regardait de tous côtés avec anxiété. « Ah! les voici, s'écria-t-il soudain; je reconnais les rubans. C'est ce brave garçon de Bristol qui me les apporte. Je ne méritais pas tant de bonté de sa part, » ajouta-t-il tout bas.

Le jeune homme arriva tout hors d'haleine et remit à Henri son arc et ses flèches; il n'avait pas eu le temps de s'éloigner que lady Diana lui cria : « Arrière, mon garçon, arrière; votre bandeau ne fait pas bon effet parmi nos costumes ; ne vous tenez pas si près, on croirait que vous êtes avec nous. »

Le pauvre blessé, dont l'intention n'était pas de rester là, obéit tranquillement à l'injonction de lady Diana. Le tambour battit, le fifre se fit entendre, et les archers se mirent en route, à la grande admiration des spectateurs. Henri s'avançait fièrement; il lui semblait que l'univers entier devait avoir les yeux sur ses épaulettes, tandis qu'en réalité personne ne faisait attention à lui pas plus qu'aux autres.

Le trajet lui parut plus court que d'habitude; mais quelle fut sa désolation quand, arrivé à un endroit où la route se trouvait en mauvais état, il vit lady Diana monter à cheval pour éviter la boue, et les cavaliers qui l'accompagnaient suivre son exemple !

« Nous pouvons laisser les enfants se rendre seuls, dit lady Diana au jeune homme qui lui tenait l'étrier. Je vais appeler un d'eux pour lui indiquer le lieu du rendez-vous. »

Elle appela, et Henri, qui se trouvait en avant, s'élança avec rapidité vers la dame pour recevoir ses ordres.

Ainsi que nous l'avons déjà dit, il faisait ce jour-là un vent assez vif, et Henri ne pouvait pas garantir son visage pendant que lady Diana lui parlait; il tira son mouchoir et fit sauter en même temps la balle qui lui avait été donnée dans la matinée, et que par mégarde il avait laissée dans sa poche, selon sa négligence habituelle.

« Oh! ma balle neuve, » s'écria-t-il en courant pour la rattraper. Et au moment où il se baissait pour la saisir, un coup de vent enleva son chapeau, qu'il avait déjà eu beaucoup de peine à garder sur sa tête jusque-là, faute d'un cordon pour le retenir. On se rappelle que notre héros prodigue l'avait employé pour faire tourner son sabot.

Le cheval de lady Diana, effrayé à la vue du chapeau, se cabra. La belle amazone se rendit maîtresse de sa monture, mais le costume d'Henri fut couvert de boue.

« Petit nigaud, dit-elle, ne pouvait-il pas garder son chapeau sur sa tête ? »

Pendant ce temps, le chapeau roulait, poussé par le vent, et Henri courait à sa poursuite au milieu des rires de tous ses amis. Enfin le malheureux chapeau s'arrêta; Henri allait le prendre, quand le sol céda tout à coup sous ses pieds. Il se trouvait sur un terrain mouvant; il enfonça jusqu'aux genoux dans la boue, et tous ses efforts pour sortir de cette position n'eurent d'autre résultat que d'éclabousser plus haut ses brillants habits. Ses amis, qui le regardaient de loin, ne purent s'empêcher de rire de son infortune.

Par bonheur, le jeune homme de Bristol que lady Diana avait traité d'une façon si insolente, passait en ce moment, il aperçut notre héros dans l'embarras et s'empressa de venir à son secours. Il le retira de la boue et le conduisit chez une

IL N'Y A PAS DE PETITE ÉCONOMIE. 273

dame du voisinage qui lui fit un excellent accueil, quand elle sut qu'il était le neveu de M. Gresham.

De là, l'obligeant garçon courut chez M. Gresham demander des bas et des souliers propres pour Henri. Celui-ci ne pouvait se décider à renoncer à son uniforme; il le frottait en tout sens, lavait les taches et disait : « La brosse enlèvera tout cela quand ce sera sec. » Mais bientôt la crainte d'arriver trop tard au rendez-vous l'emporta sur celle de paraître avec des vêtements tachés. Il répétait sans cesse à la dame qui faisait sécher son habit :

« Dépêchez-vous, j'arriverai trop tard. Faites un plus grand feu, je perdrai mon tour. Donnez-moi mon habit, je vais le mettre tel qu'il est. » Mais il n'y parvint pas facilement, car l'étoffe s'était rétrécie en séchant.

De nombreuses taches restaient encore sur les épaules et les basques de l'habit ; mais Henri ne fit attention qu'aux revers, qui étaient propres, et il se dit : « Je suis aussi bien qu'auparavant ; » puis, prenant son arc, dont les rubans avaient disparu, il se remit en route pour les Dunes.

Tous ses compagnons étaient hors de vue. « Je suppose que mon oncle et Benjamin étaient déjà partis quand vous êtes allé chercher mes souliers et mes bas?

— Oui, monsieur, ils étaient partis depuis une demi-heure. »

Henri pressa le pas; quand il arriva au lieu de la fête, où une foule compacte et de nombreux équipages étaient réunis, sa mine excita des rires de tous côtés, mais il ne s'en aperçut pas. Il entendit bientôt la voix de lady Diana qui engageait un pari pour un des tireurs.

« Le tir est commencé, s'écria-t-il. Laissez-moi passer, je suis un des archers; ne voyez-vous pas mon costume vert et blanc?

— C'est noir et blanc que vous voulez dire? » répondit l'homme auquel Henri s'adressait; et la foule, en s'ouvrant pour lui faire un passage, n'épargna pas au jeune homme les rires et les critiques sur son habit tout taché de boue.

Enfin il arriva au milieu des archers, mais ce fut en vain qu'il chercha ses amis parmi eux. Les jeunes Sweepstakes faisaient chorus avec les rieurs, et lady Diana elle-même semblait se réjouir de sa confusion.

« Pourquoi n'avez-vous pas retenu votre chapeau? dit-elle à Henri. Vous êtes cause que j'ai failli me mettre dans l'état où vous êtes. Ne restez pas là, ajouta-t-elle, vous pourriez recevoir une flèche dans le visage.

— Oh! où est mon oncle? où est Benjamin? » dit Henri en s'éloignant.

Il était tellement hors de lui, qu'il ne pouvait reconnaître aucune physionomie parmi toutes celles qui l'entouraient. Tout à coup il se sentit saisir par le bras ; il se retourna et, à sa grande satisfaction, il aperçut son cousin Benjamin.

« Retire-toi d'ici, dit Benjamin, et prends mon paletot ; tiens, le voici. »

Henri fut bien heureux de pouvoir cacher son uniforme sous le vêtement qu'il avait dédaigné. Il arracha la cocarde salie de son chapeau, et bientôt il eut repris assez de calme pour raconter à son oncle et à Patty, inquiets de son absence, l'accident qui lui était arrivé. Henri s'attachait à prouver à Patty que la cause de son malheur n'était point d'avoir pris le cordon de son chapeau pour faire tourner son sabot. Quand on l'appela au tir :

« J'ai les doigts engourdis, dit Henri en soufflant dans ses mains.

— Venez, venez ; je ne suis qu'à un pouce du but, lui dit le jeune Sweepstakes, je suis curieux de voir qui en approchera davantage. Tirez, Henri ; mais d'abord il faut que vous sachiez les conventions : elles ont été réglées avant votre arrivée. Vous avez trois coups à tirer avec votre arc ; mais, sous aucun prétexte, vous ne pouvez empruntez l'arc ou les flèches de quelqu'un pour vous en servir. »

Sweepstakes avait eu de bonnes raisons pour faire adopter ce règlement. Il savait qu'aucun de ses concurrents n'avait des armes aussi bonnes que les siennes.

Plusieurs jeunes gens n'avaient apporté qu'une flèche, et cette défense d'en emprunter d'autres à personne leur enlevait deux chances sur trois d'obtenir le prix.

« Vous êtes heureux, vous, dit Sweepstakes, vous avez vos trois flèches; alons, allons, vous n'avez pas le temps de souffler sur vos doigts, tirez. »

Henri était surpris de la manière brusque dont lui parlait Sweepstakes; il ignorait encore combien ceux qui se disent nos amis changent facilement à notre égard, quand leur intérêt se trouve en opposition avec leurs sentiments.

Henri avait les doigts tellement engourdis qu'il pouvait à peine fixer la flèche sur la corde de son arc. Néanmoins, pressé par son rival impatient, il ajusta le but et tira.

Le trait frappa un quart de pouce plus loin que celui de Sweespstakes.

Henri saisit sa seconde flèche.

« Si j'ai seulement un peu de chance.... » dit-il.

Mais, au moment où il prononçait ces mots, la corde de l'arc se rompit.

« C'est fini pour vous, s'écria Sweepstakes triomphant.

— Je vais lui prêter mon arc, dit Benjamin.

— Non pas, non pas, c'est contre le règlement; votre arc ne doit servir qu'à vous seul, vous ne pouvez pas le prêter. »

C'était le tour de Benjamin.

Son premier trait ne fut pas heureux, le second toucha au même endroit qu'Henri.

« Vous n'avez plus qu'une flèche, » s'écria Sweepstakes tout rayonnant.

Benjamin, avant de lancer le trait décisif, examina son arc, et, au moment où il tirait sur la corde pour l'éprouver, elle se rompit. Sweepstakes battit des mains. Mais sa joie fut de courte durée. Il vit notre prévoyant héros tirer tranquillement de sa poche un excellent bout de ficelle.

« Elle est donc éternelle, cette ficelle! s'écria Henri, qui reconnut celle du paquet.

— Oui, dit Benjamin en la fixant à son arc, je l'ai mise aujourd'hui dans ma porhe, parce que j'avais pensé qu'elle pourrait m'être utile. »

Il tendit son arc pour la dernière fois. Le trait partit.

« Oh! papa, s'écria Patty, c'est lui qui a touché le plus près, je le vois d'ici. »

Sweepstakes s'élança vers le but avec inquiétude.

Aucun doute n'était possible, Benjamin était victorieux. Le prix lui fut décerné.

Henri s'écria, en considérant la ficelle :

« Allons, cette ficelle vous a porté bonheur, Benjamin !

— Bonheur, parce qu'il a eu soin de la conserver, dit M. Gresham.

— C'est vrai, reprit Henri. On a raison de dire qu'il n'y a point de petite économie, et qu'il est bon d'avoir deux cordes à son arc. »

Le chapeau roulait et Henri courait à sa poursuite. (Page 272.)

LE BOUFFON

Laisse là ton dessin. (Page 292.)

LE BOUFFON.

M. et Mme Montagne étaient venus passer la belle saison à Clifton, avec leurs trois enfants, Frédéric, Sophie et Marianne, dont l'éducation formait l'objet constant de leur sollicitude. Ils prenaient surtout à tâche d'éviter tout ce qui, pour un moment de satisfaction ou d'amusement passager, pouvait compromettre le bonheur à venir de leurs enfants. Pénétrés de l'extrême importance des premières impressions et de l'influence des circonstances extérieures sur l'esprit et le cœur des jeunes gens, ils cherchaient avec le plus grand soin à leur faire envisager sous son véritable point de vue tout objet nouveau et toute idée nouvelle.

C'est inconsidérément que l'on dit quelquefois : « Il faut laisser les enfants voir et juger par eux-mêmes. » A peine capables de découvrir une partie des objets, comment pourraient-ils en saisir l'ensemble? Les aperçus qu'ils prennent dans les relations du monde, les observations incomplètes qu'ils peuvent y faire, leur donnent souvent une idée fause des causes du bonheur, et les conduisent à une trompeuse appréciation du caractère des hommes et des positions sociales. Aussi M. et Mme Montagne apportaient-ils la plus grande circonspection dans le choix de leurs connaissances : ils étaient justement persuadés que la conversation forme une partie importante de l'éducation des enfants.

En arrivant à Clifton, ils cherchèrent à louer une maison pour eux seuls. Mais la plupart des logements étaient déjà occupés, et ils furent obligés de prendre un appartement dans un hôtel habité par d'autres personnes.

Pendant les quinze premiers jours, ce fut à peine s'ils entrevirent les locataires qui demeuraient au même étage. Un vieux quaker et sa sœur Berthe étaient leurs tranquilles voisins. L'embonpoint florissant de la demoiselle avait attiré l'attention des enfants, qui se demandaient comment on pouvait, avec un teint si frais et si vermeil, avoir besoin de venir aux eaux. Sa toilette recherchée, l'élégance de ses vêtements excitaient leur admiration. Ils avaient remarqué avec quel soin extrême son frère veillait à ce que sa robe ne touchât pas à la roue lorsqu'elle montait en voiture. Cette circonstance et l'extérieur bienveillant du vieux monsieur les avaient convaincus de l'extrême affection qu'il portait à sa sœur. Ils étaient persuadés que ces deux personnes étaient les plus heureuses du monde ; ils ne leur avaient pourtant jamais parlé et n'avaient fait que les voir en passant.

Il n'en était pas ainsi de la demoiselle qui occupait le rez-de-chaussée. On la voyait toujours sur l'escalier, dans les corridors ou à sa fenêtre. Il semblait qu'elle fût douée de la faculté de se trouver partout au même instant. On n'entendait que sa voix criarde dans la maison. Dès le premier jour qu'elle rencontra les enfants de Mme Montagne sur l'escalier, elle arrêta la petite Marianne pour lui faire mille caresses. « Ma chère mignonne, lui dit-elle, que vous êtes gentille! Venez m'embrasser. Comment vous nommez-vous? moi, je m'appelle Thérèse Tattle. » Ce renseignement était tout à fait inutile, parce que vingt fois dans la matinée toute la maison était réveillée par le bavardage de la servante de Mlle Thérèse

Tattle. « Mlle Thérèse Tattle est-elle là ?... Oui, Mlle Thérèse est ici... Mlle Thérèse n'y est pas. »

Personne aux eaux ne menait une vie aussi agitée que Mlle Tattle. Personne n'avait d'aussi nombreuses connaissances. Elle prenait note de tous les nouveaux venus. Elle commentait régulièrement les listes des souscripteurs de bals, de concerts et de lectures. Sans jamais rien lire autre chose, l'esprit libre de soucis domestiques, elle meublait sa mémoire de la nomenclature des naissances, des décès et des mariages. Elle savait toutes les anecdotes amusantes, instructives ou scandaleuses qui sont indispensables à la conversation des eaux et essentielles à celle qui veut avoir la réputation d'une « femme aimable. » C'est ainsi qu'on désignait Mlle Thérèse Tattle.

Dès que cette aimable personne eut appris qu'une famille distinguée venait de s'installer au premier étage, elle fit tout au monde pour lier connaissance avec les nouveaux arrivés. Il ne lui avait pas fallu longtemps pour apprendre sur cette famille, en questionnant les domestiques, tout ce qu'elle désirait savoir. D'ailleurs le nom de Montagne seul aurait suffi pour lui faire désirer de s'introduire chez ses voisins. Elle commença par faire la cour à la petite Marianne. Ce furent d'abord des agacements, des sourires, des signes de tête, puis des mots gracieux jetés en passant. Ce manège prévint Marianne, qui était une bonne petite fille, en faveur de Mlle Thérèse. Elle se crut obligée de répondre à son tour par des sourires. La porte du salon de Mlle Thérèse était presque toujours entr'ouverte lorsque Marianne passait, et elle apercevait un magnifique perroquet vert qui faisait son admiration. Un matin la porte se trouva toute grande ouverte. Marianne s'arrêta et ne put retenir une exclamation. « Oh! le joli Jacquot, » dit-elle. Mlle Thérèse saisit l'occasion. Elle prit la petite par la main, et la fit entrer pour voir Jacquot de plus près ; puis elle offrit à Marianne un morceau de gâteau glacé en l'invitant à la venir voir une autre fois.

Le lendemain, Mlle Thérèse Tattle se présenta en grande cérémonie chez Mme Montagne, et s'excusa de la liberté qu'elle avait prise de faire entrer chez elle la charmante Marianne pour lui montrer « le joli Jacquot. »

« J'ai encore à me justifier, ajouta-t-elle, de la liberté que j'ai prise d'offrir à cette gentille petite un morceau de gâteau glacé. C'est une action bien inconsidérée, je le sens, madame ; mais j'ai été séduite par la grâce de cette enfant. J'ai été touchée de sa ressemblance frappante avec un jeune officier que j'ai rencontré au bal, il y a environ une douzaine d'années. C'était un ravissant cavalier du nom de Montagne, appartenant à une famille honorable à laquelle je suis alliée. Car je suis proche parente des Jones de Marionethshire, qui tiennent, comme vous savez, aux Manwairings du Bedfordshire. Il y a un de ceux-ci qui a épousé une Griffith, cousine issue de germains de M. Montagne. C'est cette parenté qui m'a encouragée, madame, à vous rendre visite, et à solliciter l'honneur de faire votre connaissance. »

Cette première visite fut bientôt suivie de plusieurs autres. Il était difficile d'échapper aux importunités de Mlle Thérèse qui, une fois introduite dans une maison, ne tardait pas à se mêler de tout.

Ce fut d'abord sur le chapitre de l'éducation qu'elle entreprit M. Montagne. « On blâme généralement votre système d'éducation, lui dit-elle. De grâce, donnez-moi quelques explications à ce sujet. Il m'est pénible de vous entendre attaquer dans le monde sans pouvoir vous défendre en connaissance de cause. J'éprouve pour vous une affection sincère, et je désire vivement répondre à des critiques, qui, j'en suis sûr, n'ont aucun fondement. »

M. Montagne éluda la conversation et fit entendre à Mlle Thérèse qu'il était assez indifférent aux attaques dirigées contre un système que personne n'avait cherché à approfondir.

Cette réserve piqua au vif Mlle Thérèse ; elle se

retourna sur Madame et lui dit : « Faites attention à la taille de cette petite. Vous feriez bien de lui mettre des baleines. Elle aurait besoin de prendre des leçons de danse. » Mme Montagne fut très-alarmée de cette observation. Quelques jours après Mlle Thérèse la renouvela. Alors on examina avec le plus grand soin la taille de Marianne. Mlle Thérèse affecta une vive sollicitude dans cet examen. Elle prétendit que l'épaule droite et la hanche gauche avaient quelque disposition à dévier. Mais la bonne officieuse oublia qu'elle avait signalé auparavant l'épaule gauche et la hanche droite, ce qui rassura un peu Mme Montagne.

Un autre jour, ce fut la petite Sophie qui devint l'objet des observations de Mlle Thérèse. Elle prit une mine allongée et un air de circonstance pour exprimer toute l'inquiétude que lui inspirait la santé de cette chère enfant. « Je crains que la poitrine ne soit affectée. Il faut lui faire prendre les eaux matin et soir et lui donner de la pâte de jujube. Consultez sans retard le docteur Cardamum. C'est le plus habile médecin que je connaisse. Je serais à mon lit de mort que je l'enverrais chercher en toute confiance. Il a sauvé une jeune fille qui avait rendu un poumon tout entier. Si vous voulez, je vous enverrai le docteur ; mais il n'y a pas de temps à perdre. »

L'opinion médicale de Mlle Thérèse ne pouvait être d'un grand poids, et Mme Montagne eut le bon esprit de ne pas s'en inquiéter. Mais sa nouvelle amie n'était pas à bout de conseils. Elle avait entrepris de faire donner un précepteur à Frédéric. « Il a besoin de se perfectionner dans le latin et dans le grec. Je sais bien qu'il ne convient guère à une femme d'aborder de pareilles matières ; mais j'ai entendu dire à des personnes qui s'y connaissent que l'étude des langues mortes est indispensable à une instruction solide. Il s'agit de savoir lequel vaut le mieux, ou de suivre le cours de l'Université ou d'apprendre avec un maître particulier. Les opinions sont partagées. Moi, je penche à croire qu'en raison des dispositions de Frédéric, vous ferez bien de suivre ce dernier système. Je connais justement un précepteur fort capable, qui vous convient sous tous les rapports. Je me fais un plaisir de vous le recommander. Il était chez un jeune lord que j'aimais beaucoup, mais qui n'a plus besoin de ses services, parce qu'il a été tué en duel. »

Les conseils de Mlle Thérèse Tatt'e n'ayant aucune influence sur les parents, elle chercha à circonvenir les enfants. Elle ne fit aucune impression sur Sophie, quoiqu'elle eût employé toutes les ressources de la flatterie. Sophie désirait ardemment l'approbation de ses parents et se montrait indifférente à celle des étrangers. Elle avait treize ans. A cet âge, les jeunes filles qui manquent d'une bonne éducation se laissent facilement entraîner. La vanité est accessible aux moindres éloges, et le désir de plaire étouffe le germe des meilleures qualités.

Sophie, dont le goût et le jugement avaient été cultivés, ne pouvait tomber dans ces écarts et se laisser prendre à de tels piéges. Elle savait que pour plaire, il ne faut pas chercher à se montrer autre qu'on est. Ses amis l'écoutaient avec plaisir parce qu'elle ne faisait pas parade de ces beaux sentiments que l'on exprime avec recherche et affectation dans le monde *fashionable*. Mlle Thérèse savait combien ce mot a d'empire, même à treize ans; mais elle s'assura bientôt qu'il n'avait aucune influence sur Sophie. Mme Montagne avait dit à sa fille que la simplicité et le naturel l'emportent toujours aux yeux des personnes sensées sur les grâces apprises et les façons dictées par la mode.

La petite Marianne, à force d'entendre Mlle Thérèse répéter qu'elle était charmante, commençait à le croire. Elle avait été jusque-là exempte de toute affectation; mais peu à peu elle s'imagina qu'elle ne pouvait plus dire un mot, faire un geste, lancer un regard, sans être l'objet de l'attention de tout le monde. Mlle Thérèse ne tarda pas à s'apercevoir que ce changement déplaisait à Mme Montagne. Elle voulut alors réparer le mal qu'elle avait fait. Après avoir admiré la beauté des yeux et de la chevelure de Marianne, elle ajoutait : « Mais vous savez bien que les petites demoiselles ne doivent pas penser à leur beauté. On ne doit pas les aimer pour leur jolie figure, mais pour leurs bonnes qualités. »

C'est vraiment faire injure au sens commun que de croire les enfants incapables de discerner la portée d'un conseil qui se trouve en contradiction avec tout ce qu'ils observent d'eux. Ils sont bons physionomistes. Le langage des yeux leur est familier. Tout ce que l'on dit d'eux les impressionne vivement, et ils attachent moins d'importance à ce qui leur est directement adressé.

Mlle Thérèse avait quelquefois dit, en présence de Frédéric, que cet enfant était plein de gentillesse et avait un talent d'imitation remarquable. Ce jeune garçon était vif, enjoué, mais était resté jusque-là inaccessible aux louanges vulgaires. Les flatteries de Mlle Thérèse ne le trouvèrent pas insensible. Il voulut développer en lui ce talent, et, à force de contrefaire tout le monde, il devint un véritable bouffon. Loin de s'attacher à observer les manières et le caractère de chacun pour former son jugement, il ne cherchait qu'à découvrir un ridicule dans la tournure, le geste ou la prononciation des personnes qu'il voyait, afin de les contrefaire aussitôt qu'elles avaient le dos tourné.

Alarmés des progrès rapides du mal chez leurs enfants, M. et Mme Montagne, qui avaient redouté, dès la première visite, l'influence de Mlle Thérèse, s'empressèrent de chercher un autre appartement afin de déloger au plus vite. Ils n'étaient pas gens à compromettre le bonheur de leur famille pour ménager une simple connaissance. On leur avait parlé d'une maison de campagne qui se trouvait vacante dans les environs de Clifton ; ils résolurent de s'y rendre sur-le-champ pour la visiter.

Comme ils devaient être absents tout le jour, ils pensèrent bien que leur voisine ne manquerait pas de faire l'officieuse auprès des enfants. Ils ne jugèrent pas convenable d'exiger d'eux une promesse qu'ils auraient pu être tentés de ne pas tenir et se contentèrent de dire en partant : « Si Mlle Thérèse Tattle vous engage à aller chez elle, faites ce que vous croirez bon. »

La voiture de Mme Montagne était à peine hors de vue qu'il arriva un billet à l'adresse de « M. Frédéric Montagne fils. » Voici ce qu'il contenait :

« Mlle Thérèse Tattle fait ses compliments à l'aimable Frédéric Montagne. Elle espère qu'il aura la bonté de venir prendre le thé avec elle ce matin, et d'amener sa charmante petite sœur Marianne. Mlle Thérèse Tattle souffre d'une affreuse migraine et le docteur Cardamum lui recommande de la distraction. L'aimable Frédéric ne voudrait pas sans doute la laisser seule périr d'ennui. Elle a fait ample provision de macarons pour ses petits amis. Elle compte qu'ils viendront tous, sans oublier Mlle Sophie, si cette gracieuse personne veut bien lui faire ce plaisir. »

A la première lecture de ce billet, « l'aimable Frédéric » et « la charmante petite Marianne » regardèrent en riant leur sœur Sophie pour lui faire comprendre qu'ils n'étaient pas dupes des flatteries de Mlle Thérèse. En le relisant une seconde fois, Marianne fit observer que leur amie était bien bonne de se souvenir des macarons. Frédéric ajouta qu'il ne fallait pas se moquer d'elle parce qu'elle avait mal à la tête. Puis, roulant le billet entre ses doigts il s'adressa à Sophie : « Allons, ma sœur, laisse-là ton dessin pour un moment et dis-nous ton avis. Que faut-il répondre à ce billet ?

— Nous pouvons répondre ce que nous voudrons.

— Oui, oui; je sais. Je puis refuser si je veux. Mais il s'agit de ne pas être impolis.

— Tu as donc envie d'accepter ?

— Je n'ai pas dit cela. J'ai dit qu'il ne fallait pas être impolis.

— Et tu penses que ce serait une impolitesse de refuser ?

— Je n'ai pas parlé de cela. Mais voyez donc comme elle cherche à disputer sur les mots.

— Je ne dispute pas sur les mots. Je résonne.

— En effet, disputer, pour les femmes. c'est raisonner. »

A ces mots prononcés d'un ton railleur, Sophie rougit un peu. Son frère, qui était fâché d'avoir été deviné, voulut prendre avantage de cette marque d'impatience.

« Allons, tous tes beaux raisonnements ne t'empêchent pas de te mettre en colère.

— Je ne suis pas en colère, répondit Sophie, que cette remarque fit rougir de plus en plus.

— Tu agites pourtant ton pinceau avec plus de vivacité que de coutume.... Mais vois donc, Marianne, le visage de Sophie est un vrai baromètre : il présage la tempête.

— Ah ! cela n'est pas bien, petit frère, répondit Marianne. Tu as vu comment Sophie, hier encore, a excusé la faute que tu as commise, en restant trop tard chez tes amis. Quand j'étais malade, ne préparait-elle pas elle-même mes tisanes et mes bouillons ? Et je t'assure qu'elle s'en acquittait mieux que la garde-malade et la cuisinière.

— Ne fais pas tant l'éloge de mes qualités, ma bonne petite, dit Sophie en souriant et en embrassant Marianne. Tu vois que tout à l'heure je viens de montrer de l'humeur, ce qui n'est pas pas bien ; et quant à Frédéric, quoiqu'il aime un peu trop à se moquer de tout le monde, et même de sa sœur Sophie, je suis bien sûre que je n'ai pas au fond de meilleur ami que lui »

Un coup frappé à la porte par le valet de Mlle Thérèse Tattle interrompit Marianne, et vint rappeler nos petits amis à la grande affaire du jour.

« Avec tout cela, dit Frédéric, nous n'avons pas encore envoyé notre réponse. Il faut pourtant nous décider sans perdre une minute. »

Le domestique apportait en effet les compliments de sa maîtresse. Il était chargé de prévenir les jeunes demoiselles et M. Frédéric que le thé les attendait au salon.

« Alors nous y allons, » dit Frédéric.

Le laquais ouvrit la porte à deux battants et les invita à passer. Marianne accompagna son frère, et Sophie s'excusa sur ce que ses occupations la retenaient à la maison.

Mlle Tattle était assise à sa table à thé. Un grand plateau couvert de gâteaux et de macarons se trouvait placé devant elle.

« Que je suis heureuse de vous voir, mes chers

amis! dit-elle; mais pourquoi donc Mlle Sophie ne vous a-t-elle pas suivis? »

Marianne rougit en songeant qu'elle avait agi bien précipitamment. Mais elle cherchait à composer avec sa conscience en se disant que son père et sa mère leur avaient dit de faire ce qu'ils jugeraient convenable. Elle n'était pourtant pas tout à fait tranquille, et il ne fallut rien moins que tous les compliments de Mlle Thérèse avec la moitié de ses macarons pour remettre ses esprits dans leur état naturel.

« Allons, monsieur Frédéric, dit Mlle Tattle après le thé, vous avez promis de me faire rire, et vous savez que personne n'y réussit mieux que vous.

— Oh! mon frère, dit Marianne, montre donc à Mlle Thérèse comment fait le docteur Carbuncle quand il est à table. Je ferai Mme Carbuncle. Cela divertira Mlle Tattle. Commençons.

MARIANNE. Voyons, mon ami, que vous servirai-je en commençant?

FRÉDÉRIC. *Mon ami!* d'abord, tu sais bien que Mme Carbuncle n'appelle jamais ainsi son mari. Elle lui dit toujours: *Docteur.*

MARIANNE. Eh bien! docteur, que voulez-vous manger aujourd'hui?

FRÉDÉRIC. Ce que je veux manger, madame?... Rien!... rien!... Je ne vois rien de mangeable, madame.

MARIANNE. Voici pourtant des anguilles, monsieur. Permettez-moi de vous en offrir. Ce sont des anguilles à la tartare. Vous les préférez ainsi d'habitude.

FRÉDÉRIC. D'habitude, oui, madame. Et c'est pour cela que j'en suis dégoûté. Mais vous me fatigueriez de tout. Je ne puis plus voir que des anguilles sur ma table.... Qu'est-ce qu'il y a dans ce plat?

MARIANNE. Du mouton, docteur, du mouton rôti. Voulez-vous être assez bon pour le couper?

FRÉDÉRIC. Le couper, madame, le couper! C'est fort bien dit; mais je n'en puis venir à bout. Ce mouton-là est dur comme du bois. J'aurais plus tôt fait de couper la table.... Du mouton sans gras! sans jus! sans sauce! brûlé jusqu'à l'os!... Je n'en veux pas. Emportez le plat et jetez-le du haut en bas des escaliers à la cuisinière. Il est vraiment déplorable, madame Carbuncle, que je ne puisse jamais, au grand jamais, avoir rien de mangeable à dîner; oui, madame Carbuncle, et cela depuis que nous sommes mariés. Je suis pourtant l'homme du monde le plus facile à contenter pour le dîner. C'est extraordinaire, madame Carbuncle, en vérité!... Qu'avez-vous là-bas dans ce coin, sous un couvercle?

MARIANNE. Des pâtés, docteur; des pâtés d'huitres.

Frédéric. Des pâtés! vous voulez dire des boulettes, madame? Je ne puis les sentir. Je ne conçois pas que vous les ayez mises ainsi sous un couvercle. Au moins j'aurais des cloches de verre, je n'aurais pas besoin de vous demander : « Qu'est-ce que ceci? Qu'y a-t-il là-dessous! » Ces questions sont très-fastidieuses, madame Carbuncle. Il serait bien préférable de distinguer d'un coup d'œil tout ce qu'il peut y avoir à dîner.

Marianne. Laissez-moi, docteur, vous servir de cette volaille avant qu'elle soit froide. Je vous en prie, mon ami.

Frédéric (à part). Encore mon ami. Prends donc garde, Marianne.

Marianne. Mais je t'assure que maintenant il faut dire : « Mon ami, » parce qu'elle a peur. Alors, elle pâlit de minute en minute; quelquefois même elle pleure avant la fin du dîner, et la société ne sait plus quelle contenance tenir.

— Quelle petite créature pleine de sens, interrompit Mlle Thérèse Tattle! monsieur Frédéric, vous allez me faire mourir de rire.... Continuez cette plaisante comédie.

Frédéric. Eh bien, madame, puisqu'il faut enfin que je mange quelque chose, servez-moi de cette volaille. Une cuisse et une aile, la carcasse et un morceau de l'estomac, avec de la sauce aux huîtres, une tranche de jambon, voilà tout ce qu'il me faut, madame.

(*Le docteur Carbuncle mange avec voracité en se baissant sur une assiette, et, pour ne pas laisser tomber la sauce sur lui, il boutonne son habit jusqu'au menton.*)

« Vite! une assiette! un couteau! une fourchette, un morceau de pain, de la bière de Darchester...,

— Bravo! bravo! s'écria Mlle Thérèse en battant des mains.

— Maintenant, mon frère, mettons que c'est après dîner, et montre-nous comment le docteur fait un somme. »

Frédéric se jeta dans un fauteuil. Il renversa la tête en arrière, la bouche entr'ouverte, et se mit à ronfler. Il laissa tomber sa tête tantôt à droite, tantôt à gauche. Il croisa ses jambes l'une sur l'autre, puis les écarta, les allongea, les croisa de nouveau. Pour se réveiller il rajusta son collet, les mèches de sa perruque, prit du tabac et divertit Mlle Thérèse par tout ce manége grotesque. Après avoir ri tout à son aise, elle se mit à soupirer, en disant :

« La pauvre Mme Carbuncle! Quand on pense qu'elle est condamnée à passer sa vie avec un être aussi ridicule, aussi exigeant! Et, s'il ne fait pas de testament en sa faveur, elle n'aura qu'un misérable douaire. Une femme qui a eu tant à souf-

frir ! C'est bien ce qu'elle disait : « Les femmes ne
« savent pas ce qu'elles font quand elles se ma-
« rient, et si j'étais à recommencer !... » Elle avait
bien raison. Il faut y regarder de près, ou ne jamais se marier, n'est-ce pas, mademoiselle Marianne ? »

Mlle Marianne, qui ne comprenait pas grand'-
chose à ce beau discours, se retourna vers son
frère. Celui-ci étudiait avec soin le ton et le geste
de Mlle Tattle, pour la contrefaire à son tour
après leur visite.

« Mon frère, il faut maintenant nous chanter
un air italien, comme miss Croker.... Je vous en
prie, miss Croker, faites-nous le plaisir de chanter
un air italien, Mlle Thérèse Tattle n'a jamais eu la
faveur de vous entendre, et elle en brûle d'envie.

— C'est vrai, » dit Mlle Thérèse.

Frédéric joignit ses mains d'un air affecté :

« Je vous remercie, mesdames. En vérité vous
êtes mille fois trop bonnes. Mais je suis si fatigué
que ce serait une pitié de m'obliger à chanter. Et
puis je ne chante plus. Cela ne m'est arrivé qu'une
fois cet hiver dans une réunion des plus intimes.

MARIANNE. Mais Mlle Thérèse n'est pas une
étrangère. C'est une de nos bonnes amies, et je
vous assure que vous pouvez chanter devant elle.

FRÉDÉRIC. Assurément, madame, ce serait avec
grand plaisir ; mais j'ai tout à fait oublié mes airs

anglais. Aujourd'hui on ne chante plus que de la musique italienne, et justement j'ai laissé la mienne à Londres. Et puis je ne chante jamais sans accompagnement.

Marianne. Eh! miss Croker, essayez, pour une fois. »

Frédéric *chante après avoir préludé longtemps.*

> Son vergin vezzosa
> In veste disposa, etc.

« Ah! c'est charmant, s'écria Mlle Tattle. Je ne sais rien de plus délicieux. Il me semble l'entendre chanter. Eh bien! sa voix lui a pourtant été fort utile. Je l'aime de tout mon cœur, cette chère miss Croker. Aussi je saisirai la première occasion pour la rappeler au souvenir de ses parents du Northumberland. Ce sont des gens très-riches et qui pourraient faire quelque chose pour elle.

— Maintenant, dit Marianne, mon frère, tu vas nous lire le journal comme M. le conseiller Pouff.

— Oh! faites, je vous prie, monsieur Frédéric; car vous êtes vraiment admirable aujourd'hui. Vous vous surpassez... Tenez, voici un journal, lisez-nous cet article comme le conseiller Pouff.

Frédéric *lisant d'un ton emphatique.*

« On ne saurait contester les avantages d'une main blanche et potelée. C'est le plus beau privilége des personnes de distinction. Aussi MM. Vaillant et Lesage ont pensé qu'il était de leur devoir de donner avis à toute la noblesse d'Angleterre, et en général à tous les gens comme il faut de la Grande-Bretagne, ainsi qu'à leurs amis et connaissances, qu'ils possèdent un assortiment complet du nouveau savon à la rose dont ils sont les inventeurs. Leur magasin est toujours à la *Tête d'Hippocrate*. Pour prévenir les contrefaçons, ils ont l'honneur d'avertir le public que leurs savons portent tous la signature « Vaillant et Lesage. »

— Ah! quel incomparable comédien vous faites! c'est à s'y méprendre! on jurerait le conseiller Pouff en personne. Il faut absolument que je vous présente un de ces jours à mon amie lady Battersby, vous la ferez mourir de rire, et elle ne pourra s'empêcher de vous adorer. Allons! encore, monsieur Frédéric, ne vous lassez pas. Pour moi, je passerais ma vie à vous entendre et à vous regarder. »

Enflammé par ces adulations et ces applaudissements, Frédéric montra tout son savoir. Il commença par contrefaire le colonel Épinette, se mouchant dans un mouchoir de baptiste, saluant Mme de Pervincle et admirant son ouvrage : « Ce n'est pas le travail d'une femme; on reconnaît les doigts d'une fée! »

Après le colonel, Frédéric, pour satisfaire au désir tout particulier de Marianne, fit une entrée dans le salon à la manière de sir Charles Hang.

Parfait! mon frère; une main au fond de la poche, l'autre à la hauteur de l'oreille. C'est cela. Un peu plus droit. Marche comme un bonhomme de bois. Très-bien! regardez donc mademoiselle Tattle, ses yeux fixes qui n'ont pas l'air d'y voir.

— C'est délicieux! admirable! monsieur Frédéric, vous êtes sans contredit le plus admirable mime que j'ai jamais vu, et je suis sûre que lady Battersby pensera comme moi. C'est sir Charles au naturel! Eh bien! avec tout cela, c'est un homme charmant, de beaucoup d'esprit, appartenant à une honorable famille. Sir Charles Hang sera même très-riche un jour; mais il a un malheureux défaut : il joue, le pauvre jeune homme, et il pourra bien manger tout.... Pardon, monsieur Frédéric, je vous ai interrompu.

— Maintenant, mon frère...

— Assez, Marianne, assez. Je suis tout à fait las, je n'en puis plus, » dit Frédéric, qui se jeta tout de son long sur un sofa.

L'ennui commençait à le gagner, et, malgré les éloges de Mlle Thérèse, Frédéric se sentait mal à l'aise. Il soupira.

« Quoi! vous qui amusez si bien vos amis, vous soupirez!...

— Marianne, te rappelles-tu l'histoire de l'homme au masque ?

— Quel homme, mon frère !

— L'homme.... l'acteur.... le bouffon, dont papa nous a raconté l'histoire. Tu ne te souviens pas de ce comédien qui pleurait sous son masque et qui faisait rire tout le monde !

— Pleurer sous le masque ! en vérité, c'est plaisant; cela ne m'étonne pas, cependant, de ces gens qui font métier de bouffonneries.... Mais qu'avez-vous donc, monsieur Frédéric ! vous êtes tout pâle.... Voulez-vous prendre un verre de vin sucré ?

— Oh ! non, je vous remercie, mademoiselle.

— Si ! si ! vous prendrez quelque chose ; et miss Marianne va manger des macarons. Il n'est pas tard, ajouta-t-elle en prenant la sonnette, et Christophe va monter le vin et le sucre en un instant.

— Mais Sophie, qui est restée toute seule ! et papa et maman, qui sont peut-être rentrés maintenant ! dit Marianne.

— Oh ! Mlle Sophie est toute à ses livres et à ses dessins. Vous savez qu'elle ne craint pas de rester seule. Il paraît que ce soir cela l'arrangeait. Quant à vos parents, je suis sûre qu'ils ne sont pas encore rentrés. Je sais où ils sont allés, et c'est beaucoup plus loin qu'ils ne le croient.

Mais ils ne m'ont pas consultée, et j'imagine qu'ils seront obligés de coucher à la campagne. Ainsi ne vous inquiétez pas.... nous allons avoir de la lumière. »

La porte s'ouvrit au moment où Mlle Tattle allait sonner pour demander de la lumière et le vin sucré. Assise devant le feu, elle ne pouvait voir la porte, qui se trouvait derrière elle, « Christophe! Christophe! montez, je vous prie.... Mais entendez-vous! » Le domestique ne répondait pas. Mlle Tattle se retourna vivement, et, au lieu de Christophe, elle aperçut deux petites figures noires et silencieuses dans l'embrasure de la porte. Il faisait si sombre qu'on ne pouvait distinguer leurs traits.

« Au nom du ciel, qu'est-ce que cela? qui êtes-vous? parlez.... Mais parlez donc, qui êtes-vous?

— Les petits ramoneurs, madame, pour vous servir.

— Les ramoneurs, répétèrent Marianne et Frédéric en riant aux éclats.

— Ah! les ramoneurs, reprit Mlle Thérèse, qui se souvint qu'en effet elle les avait fait demander. vous venez bien tard, ce me semble? Pourquoi êtes-vous montés à une heure aussi avancée?

— Nous avons entendu sonner, madame.

— J'ai sonné, il est vrai, mais pour Christophe, et ce vilain ivrogne ne m'a pas répondu.

— Madame, dit alors celui des deux petits ramoneurs qui n'avait pas encore pris la parole, monsieur votre frère nous avait pourtant dit de monter lorsque nous entendrions la sonnette.

— Mon frère? Eh! je n'ai pas de frère, nigaud!

— M. Eden, madame....

— Ah! bien, bien, reprit Mlle Tattle d'un ton adouci; le petit garçon me prend pour miss Berthe Eden!... » Flattée d'être prise dans l'obscurité pour une jeune et jolie femme par le ramoneur, Mlle Thérèse lui indiqua avec empressement qu'il fallait monter un étage au-dessus et tourner à gauche.

Le premier ramoneur la remercia d'un ton criard et monta l'escalier avec son camarade.

« Mais qu'est-ce que ces ramoneurs peuvent avoir à faire là-haut à cette heure? Avez-vous entendu parler de cela, Christophe? demanda-t-elle à son domestique qui venait d'apporter la lumière.

— Ma foi, madame, je l'ignore. Si vous le désirez, je puis descendre m'en informer. J'ai bien entendu quelque chose à la cuisine; mais vous avez sonné, et, pensant que c'était pour de la lumière, je me suis mis à chercher l'huile, que je n'avais pas sous la main.

— Eh bien! descendez, Christophe, et apportez-moi du vin sucré et des macarons pour ma petite Marianne. »

Le laquais fut assez longtemps avant de remonter.

« Quelles nouvelles avez-vous? lui dit Mlle Thérèse lorsqu'il revint.

— Madame, le petit camarade à la voix criarde a raconté en bas toute l'histoire. Il paraît que ces jours derniers les deux ramoneurs avaient été demandés dans une maison à l'entrée de la ville Le plus grand était monté dans une cheminée, et, arrivé à la moitié de sa hauteur, comme elle était fort étroite, il se trouva pris dans le tuyau sans pouvoir avancer. Son petit compagnon essaya de le tirer de là, mais il n'en put venir à bout. Il perdit la tête et se mit à appeler au secours. Sur ces entrefaites, M. Eden, qui était sorti de grand matin pour aller prendre l'air de la campagne, vint à passer et entendit ces cris de détresse. Il comprit de quoi il s'agissait.

Oh! je suis sûre qu'il y a mis le temps, interrompit Mlle Thérèse. Car c'est bien l'homme le plus épais de corps et d'esprit qui se puisse rencontrer. Allons! Christophe, continuez, je vous écoute.

— Je vous disais donc, madame, que ce vieux quaker comprit ce dont il s'agissait. Il monta dans l'appartement et retira non sans peine le petit ramoneur de la cheminée.

— Ah! ah! ah! le vieux Eden est donc entré dans la cheminée après le petit garçon, perruque et tout ?

— Oui! madame, perruque et tout! c'est du moins ce que j'ai demandé à l'enfant, qui m'a répondu en me voyant rire : « Il m'a sauvé la vie; « c'est tout ce que je sais. » J'ai insisté, mais ces garçons-là sont si mal élevés, qu'on ne peut rien en tirer. J'ai eu beau le questionner au sujet de la perruque, car c'était le plus plaisant de l'histoire, je n'ai pu savoir si M. Eden avait sauvé sa perruque. Mais ce qu'il y a de certain, c'est qu'il est revenu avec un bras ensanglanté.

— Ah! le pauvre M. Eden, s'écria Marianne.

— Oh! mademoiselle! le ramoneur, lui aussi, a été meurtri, et aurait fort bien pu être tué.

— Bien! bien! mais il est hors de danger, maintenant. Allez-vous-en avec votre histoire, Christophe. Il arrive tous les jours que les ramoneurs sont étouffés dans les cheminées. Cela fait partie de leur métier, et ils sont très-heureux d'en être quittes pour quelques meurtrissures. »

Mlle Thérèse s'aperçut que ce ton léger produisait un mauvais effet sur l'esprit de Marianne et de Frédéric. « Certainement, ajouta-t-elle, s cette histoire est véritable, il y avait un danger réel.

— Je crois bien, dit Marianne, et M. Eden a fait là une belle action.

— C'est un coup de la Providence. Je ne manquerai pas de le faire remarquer en racontant cette histoire. »

Christophe rentrait, apportant la nappe pour le souper. Mlle Thérèse reprit avec lui la conversation.

« Dans quelle maison cela est-il arrivé ?
— Chez lady Battersby !
— Ah ! ah ! je commence à voir clair là dedans. C'est parfait ! Quelle bonne histoire pour lady Battersby, quand je la verrai ! Comme ces quakers sont rusés ! Le vieux Eden, je le sais, a depuis longtemps le désir d'être présenté dans cette maison, et il a saisi le plus charitable prétexte ! Ah ! lady Battersby va bien rire quand je lui conterai l'affaire… Maintenant, continua Mlle Thérèse en se retournant vers Frédéric aussitôt que le domestique fut sorti de l'appartement, maintenant monsieur Frédéric Montagne, j'ai une faveur toute particulière à vous demander. Lady Battersby me fait l'honneur de venir passer demain la matinée avec moi ; je désire vivement vous présenter à elle et la mettre à même d'apprécier vos talents. Je suis sûre que vous lui plairez beaucoup et qu'elle vous adorera. M. et Mme Montagne seront obligés très-certainement de rester ici encore un jour, et vous pourrez, avant de quitter la maison, répéter devant lady Battersby la scène du conseiller Pouff,

celle du docteur Carbuncle, de miss Croker....
Puis-je compter sur vous pour demain matin?

— Oh! madame, dit Frédéric, je ne puis vous promettre cela. Je vous remercie beaucoup de votre bonté; mais je ne puis pas venir demain.

— Et pourquoi non, mon cher monsieur Frédéric? Pourquoi non? si votre papa et votre maman sont de retour. Je n'exige certes pas que vous me promettiez rien.

— S'ils reviennent demain, je leur demanderai la permission, dit Frédéric en hésitant, parce qu'il n'osait dire non résolûment.

— Demandez-leur la permission : à votre âge, il ne faut jamais rien faire sans l'assentiment de ses parents.

— Mais.... je n'y suis point obligé : ordinairement on me laisse libre de faire ce que je crois convenable.

— C'est pour cela que je suis sûre de vous avoir. Vous ne voudriez pas me causer ce déplaisir, et d'ailleurs vous avez trop de savoir-vivre pour vous refuser au désir d'une femme. Je connais assez votre galanterie pour ne pas en douter.

Frédéric se trouva embarrassé. Ce jargon de de politesse et de galanterie trouble le jugement des jeunes gens, et les pousse à confondre le devoir d'honnête homme, dicté par la conscience, avec de prétendus devoirs, qui ne sont que l'attestation et souvent l'égarement de la mode. De peur de se montrer ignorauts, ils deviennent affectés, et, pour ne pas être considérés comme des enfants, ils agissent comme des sots. Mais ils comprennent cela facilement lorsqu'ils se trouvent avec des gens comme Mlle Tattle.

« Madame, reprit Frédéric, je ne voudrais pas être impoli. Mais.... j'espère que vous m'excuserez si je ne viens pas prendre le thé avec vous demain matin. Mes parents ne connaissent pas lady Battersby, et peut-être que...

— Prenez garde, prenez garde, dit Mlle Thérèse en riant de son embarras. Vous avez envie de me refuser et vous ne savez comment faire. Peu s'en est fallu que vous n'eussiez tout mis sur cette pauvre lady Battersby ; et pourtant, vous voyez bien qu'il est impossible à M. et Mme Montagne de trouver la moindre objection à ce que je vous fasse faire, chez moi, la connaissance d'une femme telle que lady Battersby. C'est une personne du premier mérite, alliée aux Trotten du Lancashire, que madame votre mère connaît beaucoup. D'ailleurs, il n'y a personne aux eaux qui puisse procurer à votre sœur Sophie de meilleures connaissances lorsqu'elle ira au bal, ce qui arrivera un jour ou l'autre. Vous êtes trop bon frère pour que cela vous soit indifférent. Et puis, à vous parler franchemont, vous lui tournez la tête.

— Mais je ne prétends tourner la tête à personne, « répondit Frédéric avec vivacité ; puis il ajouta en se retournant : » Du moins avec des singeries.

— Pourquoi non ? mon cher Frédéric. On ne doit pas cacher à ses amis des talents tels que les vôtres. D'ailleurs, on vous gardera le secret, je vous en réponds. Quant à la critique, ne vous préoccupez pas de celle de lady Battersby. Entre nous, je vous dirai qu'elle n'a jamais passé pour un juge fort compétent.... C'est donc entendu, et je vous remercie. Comme vous vous êtes fait prier ! Oh ! vous n'ignorez pas votre propre valeur.... Je vais vous demander maintenant une faveur. »

Frédéric la regarda avec surprise. Il croyait que Mlle Thérèse voulait seulement l'avoir le lendemain avec lady Battersby. Mais ce n'était pas tout.

« Vous connaissez le vieux quaker qui demeure au-dessus. Quel original ! lady Battersby et moi, nous nous amusons beaucoup de ses façons singulières. Il a, du reste, le meilleur caractère du monde. Si vous l'aviez vu seulement entrer au salon avec son air empressé, son éternelle sœur Berthe à un bras et sous l'autre son vaste chapeau à trois cornes, le bon type que vous auriez à contrefaire ! Non, vous ne nous avez rien fait d'aussi plaisant ce soir. Il faudrait le placer dans une bonne scène. Mais le difficile, ce serait d'imiter sa voix. On n'entend jamais parler ce vieux Éphraïm. Voyons, cherchez un moyen de le voir et de l'entendre. Je n'ai pas l'esprit inventif, moi. Il ne vous faudrait qu'une minute pour le copier.

— C'est facile, dit Frédéric. Je sais un admirable moyen pour le voir et pour l'entendre sans qu'il s'en doute ; mais je ne veux pas l'employer.

— Dites-le moi, mon cher ami ; dites-le moi, je vous en prie.

— Je veux bien. Seulement, il est entendu que je ne le mettrai pas à exécution.

— Bien bien ; voyons ce que c'est, et vous ferez comme il vous plaira. »

A ces mots, Frédéric imita la voix du petit ramoneur : c'était à s'y méprendre.

« Maintenant, ajouta-t-il, vous savez que le ramoneur est juste de ma taille. Le vieux quaker, si j'avais le visage noirci et si je changeais mes habits, ne pourrait certes pas me reconnaître.

— Quelle admirable invention ! C'est charmant, en vérité, et il faut que cela se fasse. Je vous donne carte blanche. Je vais sonner et demander le petit ramoneur tout de suite.

— Non, non madame, ne sonnez pas. Rappelez-vous nos conventions. Je vous dis mon moyen, mais je ne l'exécute pas.

— N'importe, laissez-moi sonner et demander si les ramoneurs sont partis. Vous ferez ensuite comme il vous plaira. »

Mlle Thérèse sonna et demanda à Christophe si les petits ramoneurs étaient partis.

« Non, madame.

— Mais ont-ils été déjà chez le vieux Éden ?

— Oh ! non, madame, ils ne monteront pas avant d'être appelés. Mlle Berthe repose en ce moment, et pour rien au monde son frère ne la dérangerait quand elle dort. Ainsi, comme c'est elle qui a manifesté le désir de voir le petit bonhomme que son frère a sauvé, ils attendront en bas jusqu'à ce qu'elle se réveille. Il est probable qu'elle compte leur faire quelque charité.

— Je n'ai pas besoin de vos suppositions. Descendez et faites venir ici l'un des ramoneurs ; un seul, entendez-vous, d'abord ; l'autre montera plus tard. »

Christophe, qui n'était pas moins curieux que sa maîtresse, voulait savoir ce qu'elle avait à dire au ramoneur. Quand il eut ramené le petit garçon, il attisa le feu et chercha quelque chose sur la cheminée afin de rester dans le salon. Mlle Thérèse s'aperçut de ce manége.

« C'est bien, Christophe, c'est bien. Allez-vous-en.... Maintenant, Frédéric, entrez avec le petit dans ce cabinet et prenez ses habits. Je suis sûre que vous ferez un charmant ramoneur. Cela ne vous engage à rien.

— Je veux bien changer d'habits avec lui, mais juste le temps de vous montrer cette mascarade. »

Pendant que Frédéric changeait ses habits, Marianne disait à Mlle Thérèse :

« Je crois que Frédéric a raison de....

— De quoi, mon amour?

— De ne pas vouloir aller chez ce monsieur pour l'étudier et se moquer ensuite de lui. Et puis je ne crois pas que ce soit bien de rire à ses dépens.

— Pourquoi cela, ma toute belle?

— Parce qu'il aime beaucoup sa sœur, et qu'il est aux petits soins auprès d'elle. Vous avez vu, il ne veut pas qu'on trouble son sommeil.

— Ma chère amie, il n'est pas difficile d'être bon dans les petites choses. D'ailleurs, il n'a pas longtemps à lui donner des soins, et je ne crois pas qu'elle lui cause beaucoup de peine désormais.

— Que voulez-vous dire?

— Qu'elle se meurt, mon enfant,

— Elle se meurt! Elle se meurt avec ses belles couleurs si fraîches! Ah! Quel malheur pour son pauvre frère! Mais elle ne mourra pas, j'en suis sûre; car elle est leste et alerte quand elle descend les escaliers.... Oh! vous vous trompez.

— Si je me trompe, le docteur Panado Cardamum se trompe également, et cela me console.

Il a dit qu'à moins d'un miracle des eaux elle n'avait aucune chance de salut. Du reste, elle n'a jamais voulu suivre mes avis et consulter le docteur.

— Il la ferait peut-être mourir de peur, dit Marianne. J'espère bien que Frédéric n'ira pas la déranger.

— Ah çà, mon enfant, vous êtes devenue bien naïve tout d'un coup…. En quoi votre frère la dérangera-t-il plus que le ramoneur?

— Cela ne fait rien; je trouve qu'il a tort et je le lui dirai.

— Ah! miss Marianne, je ne saurais vous approuver en ce moment. Les petites demoiselles ne doivent pas être si empressées à donner des conseils à leurs frères aînés. Il me semble que M. Frédéric et moi, nous devons savoir aussi bien que vous ce qui est bien ou mal…. Mais taisons-nous! le voilà qui fait son entrée. »

Frédéric entrait en effet; il avait pris les habits du ramoneur.

« Pardon, madame; j'ai bien peur de salir votre parquet avec mes pieds crottés. »

Mlle Thérèse partit d'un grand éclat de rire. Elle l'appela « mon charmant petit ramoneur, » puis, sans le consulter davantage, elle sonna Christophe et lui ordonna de faire monter le second ramoneur. Elle triomphait de voir que le laquais ne s'apercevait pas du déguisement, et offrait de parier que le second prendrait Frédéric pour son camarade. Ce fut en effet ce qui arriva. Il imita si bien la voix, le geste, la démarche que l'enfant ne se douta de rien.

Cette scène divertissait beaucoup Marianne; mais elle tressaillit lorsqu'elle entendit la sonnette.

« C'est la sonnette de la dame d'en haut qui nous appelle, dit le petit ramoneur. Il faut monter tout de suite.

— Allez donc à vos affaires, reprit Mlle Thérèse; voici un schelling pour vous, mes petits. Je ne vous savais pas si pressés. Je ne veux pas vous reten¹ ; Allez, allez vite. »

En disant ces mots, elle poussa Frédéric vers la porte. Celui-ci, surpris, se trouva dehors sans savoir comment, et la porte se referma sur lui.

Mlle Thérèse et Marianne attendaient son retour avec impatience.

« Je les entends, disait Marianne; les voici qui descendent l'escalier. »

Elle écouta encore; mais tout était silencieux.

Tout à coup il se fit un grand bruit de voix et de pas précipités dans l'hôtel.

« Miséricorde! s'écria Mlle Thérèse, voilà, j'en suis sûre, nos parents qui reviennent de la campagne. »

Marianne ne fit qu'un saut vers la porte. Mlle Thé-

Frédéric avait pris les habits du ramoneur. (Page 315.)

rèse la suivit. Le corridor était très sombre, mais sous la lampe tous les domestiques se trouvaient réunis. Ils se turent à l'approche de Mlle Tattle, qui aperçut, au milieu du groupe, Christophe soutenant la tête de Frédéric, et auprès de lui le petit ramoneur, qui lui présentait un bassin dans lequel le sang coulait.

« Miséricorde! que vais-je devenir?... Il saigne; le sang ne s'arrête pas. Quelqu'un connaît-il un moyen de l'empêcher de couler?... Ah! une clef, une grosse clef dans le dos.... Personne n'a de clef?..... M. et Mme Montagne seront peut-être ici avant que nous ayons arrêté l'hémorragie..... Une clef.... Une toile d'araignée.... pour l'amour du ciel! Voyons, croyez-vous que le sang va bientôt s'arrêter?... Ah! mon Dieu! cet enfant va tomber en défaillance.... C'est fait de lui!

— Mon frère! mon frère va mourir! » s'écria Marianne, terrifiée à ces mots. Et perdant la tête, elle descendit les escaliers en appelant: « Sophie, Sophie; monte, ma sœur; il va mourir!

— Donnez-moi le bassin, toi, dit Christophe au petit ramoneur. Tu n'es pas fait pour servir un jeune homme de qualité.

— Non! non! laissez-le-lui. Il n'a pas eu l'intention de me blesser.

— Je ne savais pas, moi. Je croyais que c'était mon camarade.

— C'est vrai, il ne pouvait pas deviner. Laissez-lui tenir le bassin.

— Dieu soit loué! C'est lui-même que j'entends, s'écria Mlle Thérèse. Ah! voici miss Sophie!

— Sophie! ma chère Sophie! c'est toi.... N'approche pas de moi. Ne me regarde pas. Tu aurais honte de ton frère.

— Mon frère, où est-il? fit Sophie considérant avec surprise les deux ramoneurs.

— Mais le voilà. C'est Frédéric, dit Marianne.

— Miss Sophie, ne vous alarmez pas, reprit alors Mlle Thérèse. Mais bonté du ciel! n'est-ce pas Mlle Berthe? »

A cet instant une femme parut dans le rayon lumineux qui éclairait l'escalier. Elle s'avança rapidement vers le groupe.

« Ah! miss Berthe! prenez garde à votre robe de mousseline blanche. N'approchez pas trop près de cet enfant, vous allez vous couvrir de suie.

— C'est mon frère, miss Eden, mon frère qui va mourir, s'écria Marianne en se jetant au-devant de Mlle Berthe et l'entourant de ses bras.

— Non, ma chère petite, répondit une voix douce, ne vous effrayez pas ainsi.

— Ce n'est rien, en effet. Figurez-vous, ma chère demoiselle, que ces enfants ont voulu faire une petite mascarade. Il n'y a rien de plus plaisant au monde.... Mais voilà le sang qui cesse de couler....

Moi aussi, j'ai perdu la tête au premier moment. Mais tout est bien qui finit bien. C'est une folie, ne nous faites pas de questions à ce sujet, mademoiselle.... Allons, monsieur Frédéric, venez chez moi, que je vous donne de l'eau, et quittez au plus vite ces habits de malheur. Dépêchez-vous, de peur que vos parents ne rentrent subitement et ne vous trouvent en cet état.

— Ne crains pas ton père ni ta mère; ce sont tes meilleurs amis, » dit soudain une voix calme et grave.

C'était le vieux quaker.

« Oh! monsieur, monsieur Eden....

— Ne me trahissez pas, dit tout bas Mlle Thérèse à Frédéric.

— Je ne songe pas seulement à vous.... Laissez-moi parler.... Je n'ai rien à dire sur votre compte.

— Ah! mon Dieu! j'entends la voiture de M. et Mme Montagne!

— Madame, reprit Sophie, mon frère ne redoute nullement la présence de papa et de maman. Laissez-le parler.... Il va dire la vérité.

— Assurément, mademoiselle Sophie, je ne veux pas empêcher votre frère de dire la vérité. Mais je crois seulement que ce n'est pas ici le lieu et le moment, en présence de tous les domestiques de la maison. Il me semble qu'un corridor rempli de monde n'est pas un endroit convenable pour une explication.

— Tiens ! dit alors M. Eden, qui ouvrit la porte de sa chambre, voici un endroit où tu peux dire la vérité en tout temps et devant qui que ce soit.

— Du tout ; mon salon est à la disposition de M. Frédéric.... Venez, mon ami. »

Frédéric ne l'écouta pas et suivit M. Eden.

« O monsieur, je vous en prie, pardonnez-moi.

— Te pardonner, mon garçon ! que m'as-tu donc fait ?

— Pardonnez-lui, mon frère, dit Mlle Berthe en souriant, sans demander quoi.

— Monsieur saura tout.... tout ce qui me concerne, du moins. Oui, monsieur, je me suis déguisé dans ces habits. Je suis monté chez vous, pour vous voir, sans être connu, et afin de pouvoir vous contrefaire. Quant au ramoneur, c'est un brave petit garçon, allez..... Après vous avoir quitté, nous sommes descendus ensemble à la cuisine et j'ai voulu me mettre à singer vos manières pour faire rire M. Christophe et les autres domestiques. Alors le ramoneur s'est fâché ; il m'a dit que je devrais avoir honte de me moquer ainsi d'un homme qui m'avait sauvé la vie et qui venait encore de me donner de l'argent. Je lui répondis que s'il disait un mot de plus, je lui donnerais un soufflet. Il continua. Je lui portai le premier coup ; alors nous

nous sommes battus. Je suis tombé, les domestiques m'ont relevé sans savoir que je n'étais pas un ramoneur. Et vous avez vu le reste.... Maintenant, pardonnez-moi, monsieur. »

Et il saisit la main de M. Eden.

« Ami ! pas celle-ci, mais l'autre, dit le quaker en retirant sa main droite qui était très-enflée.

— Ah ! c'est vrai. Vous êtes blessé et cela me rend plus coupable encore ; c'est une leçon que je n'oublierai de ma vie. A l'avenir je me conduirai toujours en homme comme il faut.

— Et en honnête homme, ou cette mine barbouillée est bien trompeuse.

— Oh ! je réponds de mon frère, dit Marianne.... Mais il faut te rapproprier, Frédéric. »

Il se mit à laver son visage, et il avait déjà enlevé la moitié du noir qui le barbouillait, lorsqu'on entendit du bruit à la porte. C'était M. et Mme Montagne ; ils s'écrièrent en entrant :

« Ah ! un petit ramoneur couvert de sang !

— Mon père ! c'est moi, dit Frédéric.

— Frédéric !... mon fils !...

— Oui, ma mère, et je n'ai que ce que je mérite. Je vais tout vous dire....

— Non pas, interrompit Mlle Berthe, c'est à mon frère de raconter cette histoire. Il la dira cette fois beaucoup mieux que vous »

Mlle Thérèse chercha à placer son mot ; mais,

sans faire attention à elle, M. Eden raconta tout ce qu'il savait, et termina en disant à M. Montagne :

« Ton fils a commis une faute ; mais, sous ce vêtement sale, son âme est pure. Quand il a senti son tort il n'a pas hésité à en faire l'aveu. Il n'a pas cherché à se cacher à son père, et cela m'a donné bonne opinion du père et du fils. Je te parle avec franchise, ami.... Mais qu'avez-vous fait de l'autre ramoneur, Mademoiselle Thérèse ? »

Celle-ci courut à son appartement et revint tout aussitôt avec un air de consternation.

« Ah ! ciel, quel malheur ! vos parents vont bien avoir raison de se plaindre. Des habits tout neufs !... Ah ! le méchant vaurien !... Parti.... Plus rien dans le cabinet, nulle part.... la porte était pourtant fermée !... Il sera monté dans la cheminée, et se sera échappé par les toits. J'ai mis Christophe à sa piste ; Mme Montagne peut être tranquille, on le rattrapera.... Un vêtement tout neuf, d'un bleu magnifique.... Mais en vérité je ne comprends pas que vous ne vous mettiez pas en colère.

— Mademoiselle, répondit M. Montagne, vous serez peut-être bien aise d'apprendre que je considère ce petit accident comme une des circonstances les plus heureuses et les plus profitables à l'éducation de mon fils. A l'avenir, j'en suis convaincu, il se conduira avec plus de discernement. Il n'oubliera jamais ce qu'il doit à la vertu et cherchera désormais à mériter des titres plus honorables que celui de passer pour le meilleur bouffon de la terre. »

Lutte de Frédéric et du ramoneur. (Page 319.)

TABLE.

Le Pigeon blanc	1
Le Pommier	23
La Fausse Clef	59
La Guinée	97
Les Orphelins	125
Pardon et Oubli	157
Laurent le Paresseux	187
Il n'y a pas de petite économie	233
Le Bouffon	279

Coulommiers. — Typ. PAUL BRODARD.

LIBRAIRIE HACHETTE & Cⁱᵉ
BOULEVARD SAINT-GERMAIN, 79, A PARIS

LE
JOURNAL DE LA JEUNESSE
NOUVEAU RECUEIL HEBDOMADAIRE
TRÈS RICHEMENT ILLUSTRÉ
POUR LES ENFANTS DE 10 A 15 ANS

Les dix-huit premières années (1873-1890),
formant trente-six beaux volumes grand in-8°, sont en vente.

Ce nouveau recueil est une des lectures les plus attrayantes que l'on puisse mettre entre les mains de la jeunesse. Il contient des nouvelles, des contes, des biographies, des récits d'aventures et de voyages, des causeries sur l'histoire naturelle, la géographie, les arts et l'industrie, etc., par

Mᵐᵉˢ S. BLANDY, COLOMB, GUSTAVE DEMOULIN, EMMA D'ERWIN, ZÉNAÏDE FLEURIOT, ANDRÉ GÉRARD, JULIE GOURAUD, MARIE MARÉCHAL, L. MUSSAT, P. DE NANTEUIL, OUIDA, DE WITT NÉE GUIZOT;

MM. A. ASSOLLANT, DE LA BLANCHÈRE, LÉON CAHUN, RICHARD CORTAMBERT, ERNEST DAUDET, DILLAYE, LOUIS ÉNAULT, J. GIRARDIN, AIMÉ GIRON, AMÉDÉE GUILLEMIN, CH. JOLIET, ALBERT LÉVY, ERNEST MENAULT, EUGÈNE MULLER, PAUL PELET, LOUIS ROUSSELET, G. TISSANDIER, P. VINCENT, ETC.

et est

ILLUSTRÉ DE 10,000 GRAVURES SUR BOIS

d'après les dessins de

É. BAYARD, BERTALL, BLANCHARD, CAIN, CASTELLI, CATENACCI, CRAFTY, C. DELORT, FAGUET, FÉRAT, FERDINANDUS, GILBERT, GODEFROY DURAND, HUBERT-CLERGET, KAUFFMANN, LIX, A. MARIE, MESNEL, MOYNET, MYRBACH, A. DE NEUVILLE, PHILIPPOTEAUX, POIRSON, PRANISHNIKOFF, RICHNER, RIOU, RONJAT, SAHIB, TAYLOR, THÉROND, TOFANI, TH. WEBER, E. ZIER.

CONDITIONS DE VENTE ET D'ABONNEMENT

LE JOURNAL DE LA JEUNESSE paraît le samedi de chaque semaine. Le prix du numéro, comprenant 16 pages grand in-8°, est de 40 centimes.

Les 52 numéros publiés dans une année forment deux volumes.

Prix de chaque volume, broché, 10 francs; cartonné en percaline rouge, tranches dorées, 12 francs.

Pour les abonnés, le prix de chaque volume du *Journal de la Jeunesse* est réduit à 5 francs broché.

PRIX DE L'ABONNEMENT
POUR PARIS ET LES DÉPARTEMENTS

Un an (2 volumes).................. 20 FRANCS
Six mois (1 volume).............. 10 —

Prix de l'abonnement pour les pays étrangers qui font partie de l'Union générale des postes : Un an, 22 fr.; six mois, 11 fr.

Les abonnements se prennent à partir du 1ᵉʳ décembre et du 1ᵉʳ juin de chaque année.

MON JOURNAL

NEUVIÈME ANNÉE

NOUVEAU RECUEIL MENSUEL ILLUSTRÉ

POUR LES ENFANTS DE 5 A 10 ANS

PUBLIÉ SOUS LA DIRECTION DE

Mme Pauline KERGOMARD et de M. Charles DEFODON

CONDITIONS DE VENTE ET D'ABONNEMENT :

Il paraît un numéro le 15 de chaque mois depuis le 15 octobre 1881.

Prix de l'abonnement : Un an 4 fr. 80; prix du numéro, 15 centimes.

Les neuf premières années de ce nouveau recueil forment neuf beaux volumes grand in-8°, illustrés de nombreuses gravures. La première année est épuisée ; la dixième est en cours de publication.

Prix de l'année, brochée, 2 fr. ; cartonnée en percaline avec fers spéciaux à froid, 2 fr. 50.

Prix de l'emboîtage en percaline, pour les abonnés ou les acheteurs au numéro, 50 centimes.

NOUVELLE COLLECTION ILLUSTRÉE
POUR LA JEUNESSE ET L'ENFANCE
1re SÉRIE, FORMAT IN-8° JÉSUS

Prix du volume : broché, 7 fr. ; cartonné, tranches dorées, 10 fr.

About (Ed.) : *Le roman d'un brave homme.* 1 vol. illustré de 52 compositions par Adrien Marie.
— *L'homme à l'oreille cassée.* 1 vol. illustré de 61 compositions par Eug. Courboin.

Cahun (L.) : *Les aventures du capitaine Magon.* 1 vol. illustré de 72 gravures d'après Philippoteaux.
— *La bannière bleue.* 1 vol. illustré de 73 gravures d'après Lix.

Deslys (Charles) : *L'héritage de Charlemagne.* 1 vol. illustré de 129 gravures d'après Zier.

Dillaye (Fr.) : *Les jeux de la jeunesse.* 1 vol. illustré de 203 grav.

Du Camp (Maxime) : *La vertu en France.* 1 vol. illustré de 45 grav. d'après Duez, Myrbach, Tofani et E. Zier.

Fleuriot (Mlle Z.) : *Cœur muet.* 1 vol. ill. de grav. d'après Adrien Marie.

Guillemin (Amédée) : *La Pesanteur et la Gravitation universelle.* — *Le Son.* 1 vol. contenant 3 planches en couleurs, 23 planches en noir et 445 figures dans le texte.
— *La Lumière.* 1 vol. contenant 13 planches en couleurs, 14 planches en noir et 353 figures dans le texte.

Guillemin (Amédée) (suite) : *Le Magnétisme et l'Électricité.* 1 vol. contenant 5 planches en couleurs, 15 planches en noir et 577 figures dans le texte.
— *La Chaleur.* 1 vol. contenant 1 planche en couleurs, 8 planches en noir et 324 gravures dans le texte.
— *La Météorologie et la Physique moléculaire.* 1 vol. contenant 9 planches en couleurs, 20 planches en noir et 313 gravures dans le texte.

La Ville de Mirmont (H. de) : *Contes Mythologiques.* 1 vol. illustré de 54 gravures.

Manzoni : *Les fiancés.* Édition abrégée par Mme J. Colomb. 1 vol. illustré de 40 gravures.

Mouton (Eug.) : *Vie et Aventures du Capitaine Marius Cougourdan.* 1 vol. illustré de 60 E. Zier.

Rousselet (Louis) : *Nos grandes écoles militaires et civiles.* 1 vol. illustré de gravures d'après A. Le Maistre, Fr. Régamey et P. Renouard.

Witt (Mme de), née Guizot : *Les femmes dans l'histoire.* 1 vol. illustré de 80 gravures.

2e SÉRIE, FORMAT IN-8° RAISIN

Prix du volume : broché, 4 fr. ; cartonné, tranches dorées, 6 fr.

Anonyme (l'auteur de la Neuvaine de Colette) : *Tout droit.* 1 vol. illustré de 112 grav. d'après E. Zier.

Assollant (A.) : *Montluc le Rouge.* 2 vol. avec 107 grav. d'après Sahib.
— *Pendragon.* 1 vol. avec 42 gravures d'après C. Gilbert.

Blandy (Mme S.) *Rouzétou.* 1 vol. illustré de 112 gravures d'après E. Zier.
— *La part du Cadet.* 1 vol. illustré de 112 gravures d'après Zier.

Cahun (L.) : *Les mercenaires.* 1 vol. avec 54 gravures d'après P. Fritel.

Chéron de la Bruyère (Mme) : *La tante Derbier.* 1 vol. illustré de 50 gravures d'après Myrbach.
— *Princesse Rosalba.* 1 vol. illustré de 60 gravures d'après Tofani.

Colomb (Mme) : *Le violoneux de la sapinière.* 1 vol. avec 85 gravures d'après A. Marie.
— *La fille de Carilès.* 1 vol. avec 98 grav. d'après A. Marie.
  Ouvrage couronné par l'Académie française.
— *Deux mères.* 1 vol. avec 133 gravures d'après A. Marie.

Colomb (Mme) (suite) : *Le bonheur de Françoise.* 1 vol. avec 112 grav. d'après A. Marie.
— *Chloris et Jeanneton.* 1 vol. avec 105 gravures d'après Sahib.
— *L'héritière de Vauclain.* 1 vol. avec 104 grav. d'après C. Delort.
— *Franchise.* 1 vol. avec 113 gravures d'après C. Delort.
— *Feu de paille.* 1 vol. avec 98 grav. d'après Tofani.
— *Les étapes de Madeleine.* 1 vol. avec 105 grav. d'après Tofani.
— *Denis le tyran.* 1 vol. avec 115 gravures d'après Tofani.
— *Pour la muse.* 1 vol. avec 105 gravures d'après Tofani.
— *Pour la patrie.* 1 vol. avec 112 gravures d'après E. Zier.
— *Hervé Plémeur.* 1 vol. avec 112 gravures d'après E. Zier.
— *Jean l'innocent.* 1 vol. illustré de 112 gravures d'après Zier.
— *Danielle.* 1 vol. illustré de 112 gravures d'après Tofani.
— *Les révoltes de Sylvie.* 1 vol. avec 112 gravures d'après Tofani.
— *Mon oncle d'Amérique.* 1 vol. illustré de 112 grav. d'après TOFANI.
— *La Fille des Bohémiens.* 1 vol. illustré de 12 gravures d'après S. Reichan.

Cortambert (E.) : *Voyage pittoresque à travers le monde.* 1 vol. avec 81 gravures.

Cortambert et Deslys : *Le pays du soleil.* 1 vol. avec 35 gravures.

Daudet (E.) : *Robert Darnetal.* 1 vol. avec 81 grav. d'après Sahib.

Demoulin (Mme G.) : *Les animaux étranges.* 1 vol. avec 172 gravures.

Deslys (CH.) : *Courage et dévouement.* Histoire de trois jeunes filles. 1 vol. avec 31 gravures d'après Lix et Gilbert.
— *L'Ami François.* 1 vol. avec 35 gr.
— *Nos Alpes*, avec 39 gravures d'après J. David.
— *La mère aux chats.* 1 vol. avec 50 gravures d'après H. David.

Dillaye (Fr.) : *La filleule de saint Louis.* 1 vol. avec 39 grav. d'après E. Zier.

Énault (L.) : *Le chien du capitaine.* 1 vol. avec 43 gravures d'après E. Riou.

Erwin (Mme E. d') : *Heur et malheur.* 1 vol. avec 50 gravures d'après H. Castelli.

Fath (G.) : *Le Paris des enfants.* 1 vol. avec 60 gravures d'après l'auteur.

Fleuriot (Mlle Z.) : *M. Nostradamus.* 1 vol. avec 36 gravures d'après A. Marie.
— *La petite duchesse.* 1 vol. avec 73 gravures d'après A. Marie.
— *Grandcœur.* 1 vol. avec 45 gravures d'après C. Delort.
— *Raoul Daubry*, chef de famille. 1 vol. avec 32 gravures d'après C. Delort.
— *Mandarine.* 1 vol. avec 95 gravures d'après C. Delort.
— *Cadok.* 1 vol. avec 24 gravures d'après C. Gilbert.
— *Câline.* 1 vol. avec 102 grav. d'après G. Fraipont.
— *Feu et flamme.* 1 vol. avec 80 gravures d'après Tofani.
— *Le clan des têtes chaudes.* 1 vol. illustré de 65 gravures d'après Myrbach.
— *Au Galadoc.* 1 vol. illustré de 60 gravures d'après Zier.
— *Les premières pages.* 1 vol. avec 75 gravures d'après Adrien Marie.
— *Rayon de soleil.* 1 vol. illustré de 10 gravures d'après Mencina Kreszs.

Girardin (J.) : *Les braves gens.* 1 vol. avec 115 gravures d'après E. Bayard. Ouvrage couronné par l'Académie française.
— *Nous autres.* 1 vol. avec 182 gravures d'après E. Bayard.
— *Fausse route.* 1 vol. avec 55 grav. d'après H. Castelli.
— *La toute petite.* 1 vol. avec 128 gravures d'après E. Bayard.
— *L'oncle Placide.* 1 vol. avec 139 gravures d'après A. Marie.
— *Le neveu de l'oncle Placide.* 3 vol. illustrés de 307 gravures d'après A. Marie, qui se vendent séparément.

Girardin (J.) (suite) : *Grand-père*. 1 vol. avec 91 gravures d'après G. Delort.

Ouvrage couronné par l'Académie française.

— *Maman.* 1 vol. avec 112 gravures d'après Tofani.

— *Le roman d'un cancre.* 1 vol. avec 119 gravures d'après Tofani.

— *Les millions de la tante Zézé.* 1 vol. avec 112 grav. d'après Tofani.

— *La famille Gaudry.* 1 vol. avec 112 gravures d'après Tofani.

— *Histoire d'un Berrichon.* 1 vol. avec 112 gravures d'après Tofani.

— *Le capitaine Bassinoire.* 1 vol. illustré de 119 gravures d'après Tofani.

— *Second violon.* 1 vol. illustré de 112 gravures d'après Tofani.

— *Le fils Valansé.* 1 vol. avec 112 gravures d'après Tofani.

— *Le commis de M. Bouvat.* 1 vol. illustré de 119 gr. d'après TOFANI.

Giron (AIMÉ) : *Les trois rois mages.* 1 vol. illustré de 60 gravures d'après Fraipont et Pranishnikoff.

Gouraud (Mlle J.) : *Cousine Marie.* 1 vol. avec 36 gravures d'après A. Marie.

Nanteuil (Mme P. de) : *Capitaine.* 1 vol. illustré de 72 gravures d'après Myrbach.

Ouvrage couronné par l'Académie française.

— *Le général Du Maine.* 1 vol. avec 70 gravures d'après Myrbach.

— *L'épave mystérieuse.* 1 volume illustré de 80 gr. d'après MYRBACH.

— *En esclavage.* 1 vol. illustré de 80 gravures d'après Myrbach.

Rousselet (L.) : *Le charmeur de serpents.* 1 vol. avec 68 gravures d'après A. Marie.

— *Le fils du connétable.* 1 vol. avec 113 gravures d'après Pranishnikoff.

Rousselet (L.) (suite) : *Les deux mousses.* 1 vol. avec 90 gravures d'après Sahib.

— *Le tambour du Royal-Auvergne.* 1 vol. avec 115 gravures d'après Poirson.

— *La peau du tigre.* 1 vol. avec 102 gravures d'après Bellecroix et Tofani.

Saintine : *La nature et ses trois règnes*, ou la mère Gigogne et ses trois filles. 1 vol. avec 171 gravures d'après Foulquier et Faguet.

— *La mythologie du Rhin et les contes de la mère-grand.* 1 vol. avec 160 gravures d'après G. Doré.

Tissot et Améro : *Aventures de trois fugitifs en Sibérie.* 1 vol. avec 72 gravures d'après Pranishnikoff.

Witt (Mme de), née Guizot : *Scènes historiques.* 1re série. 1 vol. avec 18 gravures d'après E. Bayard.

— *Scènes historiques.* 2e série. 1 vol. avec 28 gravures d'après A. Marie.

— *Lutin et démon.* 1 vol. avec 36 gravures d'après Pranishnikoff et E. Zier.

— *Normands et Normandes.* 1 vol. avec 70 gravures d'après E. Zier.

— *Un jardin suspendu.* 1 vol. avec 39 gravures d'après C. Gilbert.

— *Notre-Dame Guesclin.* 1 vol. avec 70 gravures d'après E. Zier.

— *Une sœur.* 1 vol. avec 65 gravures d'après E. Bayard.

— *Légendes et récits pour la jeunesse.* 1 vol. avec 18 gravures d'après Philippoteaux.

— *Un nid.* 1 vol. avec 63 gravures d'après Ferdinandus.

— *Un patriote au quatorzième siècle.* 1 vol. illustré de gravures d'après E. Zier.

BIBLIOTHÈQUE DES PETITS ENFANTS
DE 4 A 8 ANS
FORMAT GRAND IN-16
CHAQUE VOLUME, BROCHÉ, 2 FR. 25
CARTONNÉ EN PERCALINE BLEUE, TRANCHES DORÉES, 3 FR. 50
Ces volumes sont imprimés en gros caractères.

Chéron de la Bruyère (Mme): *Contes à Pépée.* 1 vol. avec 24 gravures d'après Grivaz.
— *Plaisirs et aventures.* 1 vol. avec 30 gravures d'après Jeanniot.
— *La perruque du grand-père.* 1 vol. illustré de 30 gr. d'après Tofani.
— *Les enfants de Boisfleuri.* 1 vol. illustré de 30 gravures d'après Semechini.
— *Les vacances à Trouville.* 1 vol. avec 40 gravures d'après Tofani.
— *Le château du Roc-Salé.* 1 vol. illustré de 30 gr. d'après TOFANI.

Colomb (Mme): *Les infortunes de Chouchou.* 1 vol. avec 48 gravures d'après Riou.

Desgranges (Guillemette): *Le chemin du collège.* 1 vol. illustré de 30 gravures d'après Tofani.
— *La famille Le Jarriel.* 1 vol. illustré de 36 gr. d'après GEOFFROY.

Duporteau (Mme): *Petits récits.* 1 vol. avec 28 gr. d'après Tofani.

Erwin (Mme E. d'): *Un été à la campagne.* 1 vol. avec 39 gravures d'après Sahib.

Favre: *L'épreuve de Georges.* 1 vol. avec 44 gravures d'après Geoffroy.

Franok (Mme E.): *Causeries d'une grand'mère.* 1 vol. avec 72 gravures d'après C. Delort.

Fresneau (Mme), née de Ségur: *Une année du petit Joseph.* Imité de l'anglais. 1 vol. avec 67 gravures d'après Jeanniot.

Girardin (J.): *Quand j'étais petit garçon.* 1 vol. avec 52 gravures d'après Ferdinandus.
— *Dans notre classe.* 1 vol. avec 26 gravures d'après Jeanniot.
— *Un drôle de Bonhomme.* 1 vol. illustré de 36 grav. d'après Geoffroy.

Le Roy (Mme F.): *L'aventure de Petit Paul.* 1 vol. illustré de 45 gravures, d'après Ferdinandus.

Le Roy (Mme F.): *Pipo.* 1 vol. illustré de 36 grav. d'après MENCINA KRESZ.

Molesworth (Mrs): *Les aventures de M. Baby*, traduit de l'anglais par Mme de Witt. 1 vol. avec 12 gravures d'après W. Crane.

Pape-Carpantier (Mme): *Nouvelles histoires et leçons de choses.* 1 vol. avec 42 grav. d'après Semechini.

Surville (André): *Les grandes vacances.* 1 vol. avec 30 gravures d'après Semechini.
— *Les amis de Berthe.* 1 vol. avec 30 gravures d'après Ferdinandus.
— *La petite Givonnette.* 1 vol. illustré de 34 gravures d'après Grigny.
— *Fleur des champs.* 1 vol. illustré de 32 gravures d'après Zier.
— *La vieille maison du grand père.* 1 vol. avec 34 gravures d'après Zier.
— *La fête de Saint-Maurice.* 1 vol. illustré de 34 grav. d'après Tofani.

Witt (Mme de), née Guizot: *Histoire de deux petits frères.* 1 vol. avec 45 grav. d'après Tofani.
— *Sur la plage.* 1 vol. avec 55 gravures d'après Ferdinandus.
— *Par monts et par vaux.* 1 vol. avec 54 grav. d'après Ferdinandus.
— *Vieux amis.* 1 vol. avec 60 gravures d'après Ferdinandus.
— *En pleins champs.* 1 vol. avec 45 gravures d'après Gilbert.
— *Petite.* 1 vol. avec 56 gravures d'après Tofani.
— *A la montagne.* 1 vol. illustré de 5 gravures d'après Ferdinandus.
— *Deux tout petits.* 1 vol. illustré de 32 gravures d'après Ferdinandus.
— *Au-dessus du lac.* 1 vol. avec 44 grav.
— *Les enfants de la tour du Roc.* 1 vol. illustré de 56 gravures d'après E. ZIER.
— *La petite maison dans la forêt.* 1 vol. illustré de 36 grav. d'après Robaudi.

BIBLIOTHÈQUE ROSE ILLUSTRÉE

FORMAT IN-16

CHAQUE VOLUME, BROCHÉ, 2 FR. 25
CARTONNÉ EN PERCALINE ROUGE, TRANCHES DORÉES, 3 FR. 50

Ire SÉRIE, POUR LES ENFANTS DE 4 A 8 ANS

Anonyme : *Chien et chat*, traduit de l'anglais. 1 vol. avec 45 gravures d'après É. Bayard.
— *Douze histoires pour les enfants de quatre à huit ans*, par une mère de famille. 1 vol. avec 8 gravures d'après Bertall.
— *Les enfants d'aujourd'hui*, par le même auteur. 1 vol. avec 40 gravures d'après Bertall.

Carraud (Mme) : *Historiettes véritables*, pour les enfants de quatre à huit ans. 1 vol. avec 94 gravures d'après G. Fath.

Fath (G.) : *La sagesse des enfants*, proverbes. 1 vol. avec 100 gravures d'après l'auteur.

Laroque (Mme) : *Grands et petits*. 1 vol. avec 64 gravures d'après Bertall.

Marcel (Mme J.) : *Histoire d'un cheval de bois*. 1 vol. avec 20 gravures d'après E. Bayard.

Pape-Carpantier (Mme) : *Histoire et leçons de choses pour les enfants*. 1 vol. avec 85 gravures d'après Bertall.
Ouvrage couronné par l'Académie française.

Perrault, MM^{mes} d'Aulnoy et Leprince de Beaumont : *Contes de fées*. 1 vol. avec 65 gravures d'après Bertall et Forest.

Porchat (J.) : *Contes merveilleux*. 1 vol. avec 21 gravures d'après Bertall.

Schmid (le chanoine) : 190 *contes pour les enfants*, traduit de l'allemand par André Van Hasselt. 1 vol. avec 29 gravures d'après Bertall.

Ségur (Mme la comtesse de) : *Nouveaux contes de fées*. 1 vol. avec 40 gravures d'après Gustave Doré et H. Didier.

IIe SÉRIE, POUR LES ENFANTS DE 8 A 14 ANS

Achard (A.) : *Histoire de mes amis*. 1 vol. avec 25 gravures d'après Bellecroix.

Alcott (Miss) : *Sous les lilas*, traduit de l'anglais par Mme S. Lepage. 1 vol. avec 23 gravures.

Andersen : *Contes choisis*, traduit du danois par Soldi. 1 vol. avec 40 gravures d'après Bertall.

Anonyme : *Les fêtes d'enfants, scènes et dialogues*. 1 vol. avec 41 gravures d'après Foulquier.

Assollant (A.). *Les aventures merveilleuses mais authentiques du capitaine Corcoran.* 2 vol. avec 50 gravures, d'après A. de Neuville.

Barrau (Th.) : *Amour filial.* 1 vol. avec 41 gravures d'après Ferogio.

Bawr (Mme de) : *Nouveaux contes.* 1 vol. avec 40 grav. d'après Bertall. Ouvrage couronné par l'Académie française.

Beleze : *Jeux des adolescents.* 1 vol. avec 140 gravures.

Berquin : *Choix de petits drames et de contes.* 1 vol. avec 36 gravures d'après Foulquier, etc.

Berthet (E.) : *L'enfant des bois.* 1 vol. avec 61 gravures.

— *La petite Chailloux.* 1 vol. illustré de 41 gravures d'après É. Bayard et G. Fraipont.

Blanchère (De la) : *Les aventures de la Ramée.* 1 vol. avec 36 gravures d'après E. Forest.

— *Oncle Tobie le pêcheur.* 1 vol. avec 80 gr. d'après Foulquier et Mesnel.

Boiteau (P.): *Légendes recueillies ou composées pour les enfants.* 1 vol. avec 42 gravures d'après Bertall.

Carpentier (Mlle E.) : *La maison du bon Dieu.* 1 vol. avec 58 gravures d'après Riou.

— *Sauvons-le !* 1 vol. avec 60 gravures d'après Riou.

— *Le secret du docteur, ou la maison fermée.* 1 vol. avec 43 gravures d'après P. Girardet.

— *La tour du preux.* 1 vol. avec 59 gravures d'après Tofani.

— *Pierre le Tors.* 1 vol. avec 64 gravures d'après Zier.

— *La dame bleue.* 1 vol. illustré de 49 gravures d'après E. Zier.

Carraud (Mme Z.): *La petite Jeanne, ou le devoir.* 1 vol. avec 21 gravures d'après Forest. Ouvrage couronné par l'Académie française.

Carraud (Mme Z.) (suite) : *Les goûters de la grand'mère.* 1 vol. avec 18 gravures d'après E. Bayard.

— *Les métamorphoses d'une goutte d'eau.* 1 vol. avec 50 gravures d'après É. Bayard.

Castillon (A.) : *Les récréations physiques.* 1 vol. avec 36 gravures d'après Castelli.

— *Les récréations chimiques*, faisant suite au précédent. 1 vol. avec 34 gravures d'après H. Castelli.

Cazin (Mme J.) : *Les petits montagnards.* 1 vol. avec 51 gravures d'après G. Vuillier.

— *Un drame dans la montagne.* 1 vol. avec 33 grav. d'après G. Vuillier.

— *Histoire d'un pauvre petit.* 1 vol. avec 40 gravures d'après Tofani.

— *L'enfant des Alpes.* 1 vol. avec 33 gravures d'après Tofani.

— *Perlette.* 1 vol. illustré de 54 gravures d'après MYRBACH.

— *Les saltimbanques.* 1 vol. avec 66 gravures d'après Girardet.

— *Le petit chevrier.* 1 vol. illustré de 39 gravures d'après VUILLIER.

— *Jean le Savoyard.* 1 vol. illustré de 51 gravures d'après Slom.

Chabreul (Mme de) : *Jeux et exercices des jeunes filles.* 1 vol. avec 62 gravures d'après Fath, et la musique des rondes.

Colet (Mme L.) : *Enfances célèbres.* 1 vol. avec 57 grav. d'après Foulquier.

Colomb (Mme J.) : *Souffre-douleur.* 1 vol. illustré de 49 gravures d'après Mlle Marcelle Lancelot.

Contes anglais, traduits par Mme de Witt. 1 vol. avec 43 gravures d'après Morin.

Deslys (Ch.) : *Grand'maman.* 1 vol. avec 29 gravures d'après E. Zier.

Edgeworth (Miss) : *Contes de l'adolescence*, traduit par A. Le François. 1 vol. avec 42 gravures d'après Morin.

Edgeworth (Miss) (suite) : *Contes de l'enfance*, traduit par le même. 1 vol. avec 26 gravures d'après Foulquier.
— *Demain*, suivi de *Mourad le malheureux*, contes traduits par H. Jousselin. 1 vol. avec 55 grav. d'après Bertall.

Fath (G.) : *Bernard, la gloire de son village*. 1 vol. avec 56 gravures d'après Mme G. Fath.

Fénelon : *Fables*. 1 vol. avec 29 grav. d'après Forest et É. Bayard.

Fleuriot (Mlle) : *Le petit chef de famille*. 1 vol. avec 57 gravures d'après H. Castelli.
— *Plus tard*, ou le jeune chef de famille. 1 vol. avec 60 gravures d'après É. Bayard.
— *L'enfant gâté*. 1 vol. avec 48 gravures d'après Ferdinandus.
— *Tranquille et Tourbillon*. 1 vol. avec 45 grav. d'après C. Delort.
— *Cadette*. 1 vol. avec 52 gravures d'après Tofani.
— *En congé*. 1 vol. avec 61 gravures d'après Ad. Marie.
— *Bigarette*. 1 vol. avec 48 gravures d'après Ad. Marie.
— *Bouche-en-Cœur*. 1 vol. avec 45 gravures d'après Tofani.
— *Gildas l'intraitable*, 1 vol. avec 56 gravures d'après E. Zier.
— *Parisiens et Montagnards*. 1 vol. avec 49 gravures d'après E. Zier.

Foë (de) : *La vie et les aventures de Robinson Crusoé*, traduit de l'anglais. 1 vol. avec 40 gravures.

Fonvielle (W. de) : *Néridah*. 2 vol. avec 45 gravures d'après Sahib.

Fresneau (Mme), née de Ségur : *Comme les grands!* 1 vol. illustré de 46 gravures d'après Ed. Zier.
— *Thérèse à Saint-Domingue*. 1 vol. avec 49 gravures d'après Tofani.
— *Les protégés d'Isabelle*. 1 vol. illustré de 42 gravures d'après Tofani.

Genlis (Mme de) : *Contes moraux*. 1 v. avec 40 grav. d'après Foulquier, etc.

Gérard (A.) : *Petite Rose*. — *Grande Jeanne*. 1 vol. avec 28 gravures d'après Gilbert.

Girardin (J.) : *La disparition du grand Krause*. 1 vol. avec 70 gravures d'après Kauffmann.

Giron (A.) : *Ces pauvres petits*. 1 vol. avec 22 grav. d'après B. Nouvel.

Gouraud (Mlle J.) : *Les enfants de la ferme*. 1 vol. avec 59 grav. d'après É. Bayard.
— *Le livre de maman*. 1 vol. avec 68 grav. d'après É. Bayard.
— *Cécile, ou la petite sœur*. 1 vol. avec 26 grav. d'après Desandré.
— *Lettres de deux poupées*. 1 vol. avec 59 gravures d'après Olivier.
— *Le petit colporteur*. 1 vol. avec 27 grav. d'après A. de Neuville.
— *Les mémoires d'un petit garçon*. 1 vol. avec 86 gravures d'après É. Bayard.
— *Les mémoires d'un caniche*. 1 vol. avec 75 gravures d'après É. Bayard.
— *L'enfant du guide*. 1 vol. avec 60 gravures d'après É. Bayard.
— *Petite et grande*. 1 vol. avec 48 gravures d'après É. Bayard.
— *Les quatre pièces d'or*. 1 vol. avec 54 gravures d'après É. Bayard.
— *Les deux enfants de Saint-Domingue*. 1 vol. avec 54 gravures d'après É. Bayard.
— *La petite maîtresse de maison*. 1 vol. avec 37 grav. d'après Marie.
— *Les filles du professeur*. 1 vol. avec 36 grav. d'après Kauffmann.
— *La famille Harel*. 1 vol. avec 44 gravures d'après Valnay.
— *Aller et retour*. 1 vol. avec 40 gravures d'après Ferdinandus.
— *Les petits voisins*. 1 vol. avec 39 gravures d'après C. Gilbert.

Gouraud (Mlle J.) (suite) : *Chez grand'mère.* 1 vol. avec 98 grav. d'après Tofani.
— *Le petit bonhomme.* 1 vol. avec 45 grav. d'après A. Ferdinandus.
— *Le vieux château.* 1 vol. avec 28 gravures d'après E. Zier.
— *Pierrot.* 1 vol. avec 31 gravures d'après E. Zier.
— *Minette.* 1 vol. illustré de 52 gravures d'après Tofani.
— *Quand je serai grande!* 1 vol. avec 60 gravures d'après Ferdinandus.

Grimm (les frères) : *Contes choisis*, traduit par Ferd. Baudry. 1 vol. avec 40 gravures d'après Bertall.

Hauff : *La caravane*, traduit par A. Talon. 1 vol. avec 40 gravures d'après Bertall.
— *L'auberge du Spessart*, traduit par A. Talon. 1 vol. avec 61 gravures d'après Bertall.

Hawthorne : *Le livre des merveilles*, traduit de l'anglais par L. Rabillon. 2 vol. avec 40 gravures d'après Bertall.

Hébel et **Karl Simrock** : *Contes allemands*, traduit par M. Martin. 1 vol. avec 27 grav. d'après Bertall.

Johnson (R. B.) : *Dans l'extrême Far West*, traduit de l'anglais par A. Talandier. 1 vol. avec 20 gravures d'après A. Marie.

Marcel (Mme J.) : *L'école buissonnière.* 1 vol. avec 20 gravures d'après A. Marie.
— *Le bon frère.* 1 vol. avec 21 gravures d'après É. Bayard.
— *Les petits vagabonds.* 1 vol. avec 25 gravures d'après É. Bayard.
— *Histoire d'une grand'mère et de son petit-fils.* 1 vol. avec 36 gravures d'après C. Delort.
— *Daniel.* 1 vol. avec 45 gravures d'après Gilbert.

Marcel (Mme J.) (suite) : *Le frère et la sœur.* 1 vol. avec 45 gravures d'après E. Zier.
— *Un bon gros pataud.* 1 vol. avec 45 gravures d'après Jeanniot.
— *L'oncle Philibert.* 1 vol. illustré de 56 grav. d'après Fr. Régamey.

Maréchal (Mlle M.) : *La dette de Ben-Aïssa.* 1 vol. avec 20 gravures d'après Bertall.
— *Nos petits camarades.* 1 vol. avec 18 gravures d'après E. Bayard et H. Castelli, etc.
— *La maison modèle.* 1 vol. avec 42 gravures d'après Sahib.

Marmier (X.) : *L'arbre de Noël.* 1 vol. avec 68 grav. d'après Bertall.

Martignat (Mlle de) : *Les vacances d'Élisabeth.* 1 vol. avec 36 gravures d'après Kauffmann.
— *L'oncle Boni.* 1 vol. avec 42 gravures d'après Gilbert.
— *Ginette.* 1 vol. avec 50 gravures d'après Tofani.
— *Le manoir d'Yolan.* 1 vol. avec 56 gravures d'après Tofani.
— *Le pupille du général.* 1 vol. avec 40 gravures d'après Tofani.
— *L'héritière de Maurivèze.* 1 vol. avec 39 grav. d'après Poirson.
— *Une vaillante enfant.* 1 vol. avec 43 gravures par Tofani.
— *Une petite-nièce d'Amérique.* 1 vol. avec 43 gravures d'après Tofani.
— *La petite fille du vieux Thémi.* 1 vol. illustré de 42 gravures d'après Tofani.

Mayne-Reid (le capitaine) : *Les chasseurs de girafes*, traduit de l'anglais par H. Vattemare. 1 vol. avec 10 grav. d'après A. de Neuville.
— *A fond de cale*, traduit par Mme H. Loreau. 1 vol. avec 12 gravures.
— *A la mer!* traduit par Mme H. Loreau. 1 vol. avec 12 gravures.

Mayne-Reid (le capitaine) (suite) :
— *Brum, ou les chasseurs d'ours*, traduit par A. Letellier. 1 vol. avec 8 grandes gravures.
— *Les chasseurs de plantes*, traduit par Mme H. Loreau. 1 vol. avec 29 gravures.
— *Les exilés dans la forêt*, traduit par Mme H. Loreau. 1 vol. avec 12 gravures.
— *L'habitation du désert*, traduit par A. Le François. 1 vol. avec 24 grav.
— *Les grimpeurs de rochers*, traduit par Mme H. Loreau. 1 vol. avec 20 gravures.
— *Les peuples étranges*, traduit par Mme H. Loreau. 1 vol. avec 24 grav.
— *Les vacances des jeunes Boërs*, traduit par Mme H. Loreau. 1 vol. avec 12 gravures.
— *Les veillées de chasse*, traduit par H.-B. Révoil. 1 vol. avec 43 gravures d'après Freeman.
— *La chasse au Léviathan*, traduit par J. Girardin. 1 vol. avec 51 gravures d'après A. Ferdinandus et Th. Weber.
— *Les naufragés de la Calypso*. 1 vol. traduit par Mme GUSTAVE DEMOULIN et illustré de 55 gravures d'après PRANISHNIKOFF.

Moussac (Mme LA MARQUISE DE) : *Popo et Lili ou les deux jumeaux*. 1 vol. illustré de 52 gravures d'après E. Zier.

Muller (E.) : *Robinsonnette*. 1 vol. avec 22 gravures d'après Lix.

Ouida : *Le petit comte*. 1 vol. avec 34 gravures d'après G. Vullier, Tofani, etc.

Peyronny (Mme de), née d'Isle : *Deux cœurs dévoués*. 1 vol. avec 53 gravures d'après J. Devaux.

Pitray (Mme de) : *Les enfants des Tuileries*. 1 vol. avec 29 gravures d'après E. Bayard.
— *Les débuts du gros Philéas*. 1 vol. avec 57 grav. d'après H. Castelli.
— *Le château de la Pétaudière*. 1 vol. avec 78 grav. d'après A. Marie.

Pitray (Mme de) (suite) : *Le fils du maquignon*. 1 vol. avec 65 grav. d'après Riou.
— *Petit monstre et poule mouillée*. 1 vol. avec 66 grav. par E. Girardet.
— *Robin des Bois*. 1 vol. illustré de 40 gravures d'après Sirouy.
— *L'usine et le château*. 1 vol. illustré de 44 grav. d'après Robaudi.

Rendu (V.) : *Mœurs pittoresques des insectes*. 1 vol. avec 49 grav.

Rostoptchine (Mme la comtesse) : *Belle, Sage et Bonne*. 1 vol. avec 39 gravures d'après Ferdinandus.

Sandras (Mme) : *Mémoires d'un lapin blanc*. 1 vol. avec 20 gravures d'après E. Bayard.

Sannois (Mlle la comtesse de) : *Les soirées à la maison*. 1 vol. avec 42 gravures d'après E. Bayard.

Ségur (Mme la comtesse de) : *Après la pluie, le beau temps*. 1 vol. avec 128 grav. d'après E. Bayard.
— *Comédies et proverbes*. 1 vol. avec 60 gravures d'après E. Bayard.
— *Diloy le chemineau*. 1 vol. avec 90 gravures d'après H. Castelli.
— *François le bossu*. 1 vol. avec 114 gravures d'après E. Bayard.
— *Jean qui grogne et Jean qui rit*. 1 vol. avec 70 grav. d'après Castelli.
— *La fortune de Gaspard*. 1 vol. avec 52 gravures d'après Gerlier.
— *La sœur de Gribouille*. 1 vol. avec 72 grav. d'après H. Castelli.
— *Pauvre Blaise !* 1 vol. avec 65 gravures d'après H. Castelli.
— *Quel amour d'enfant !* 1 vol. avec 79 gravures d'après E. Bayard.
— *Un bon petit diable*. 1 vol. avec 100 gravures d'après H. Castelli.
— *Le mauvais génie*. 1 vol. avec 90 gravures d'après E. Bayard.
— *L'auberge de l'Ange-Gardien*. 1 vol. avec 75 grav. d'après Foulquier.
— *Le général Dourakine*. 1 vol. avec 100 gravures d'après E. Bayard.

Ségur (Mme la comtesse de) (suite) : *Les bons enfants*. 1 vol. avec 70 gravures d'après Ferogio.

— *Les deux nigauds*. 1 vol. avec 76 gravures d'après H. Castelli.

— *Les malheurs de Sophie*. 1 vol. avec 48 grav. d'après H. Castelli.

— *Les petites filles modèles*. 1 vol. avec 21 gravures d'après Bertall.

— *Les vacances*. 1 vol. avec 36 gravures d'après Bertall.

— *Mémoires d'un âne*. 1 vol. avec 75 grav. d'après H. Castelli.

Stolz (Mme de) : *La maison roulante*. 1 vol. avec 20 grav. sur bois d'après E. Bayard.

— *Le trésor de Nanette*. 1 vol. avec 24 gravures d'après E. Bayard.

— *Blanche et noire*. 1 vol. avec 54 gravures d'après E. Bayard.

— *Par-dessus la haie*. 1 vol. avec 56 gravures d'après A. Marie.

— *Les poches de mon oncle*. 1 vol. avec 20 gravures d'après Bertall.

— *Les vacances d'un grand-père*. 1 vol. avec 40 gravures d'après G. Delafosse.

— *Quatorze jours de bonheur*. 1 vol. avec 45 gravures d'après Bertall.

— *Le vieux de la forêt*. 1 vol. avec 32 gravures d'après Sahib.

— *Le secret de Laurent*. 1 vol. avec 32 gravures d'après Sahib.

— *Les deux reines*. 1 vol. avec 32 gravures d'après Delort.

— *Les mésaventures de Mlle Thérèse*. 1 vol. avec 29 grav. d'après Charles.

Stolz (Mme de) (suite) : *Les frères de lait*. 1 vol. avec 42 gravures d'après E. Zier.

— *Magali*. 1 vol. avec 36 gravures d'après Tofani.

— *La maison blanche*. 1 vol. avec 35 gravures d'après Tofani.

— *Les deux André*. 1 vol. avec 45 gravures d'après Tofani.

— *Deux tantes*. 1 vol. avec 43 gravures d'après Tofani.

— *Violence et bonté*. 1 vol. avec 36 gravures par Tofani.

— *L'embarras du choix*. 1 v. illustré de 36 gravures d'après Tofani.

— *Petit Jacques*. 1 vol. illustré de 48 gravures d'après Tofani.

Swift : *Voyages de Gulliver*, traduit et abrégé à l'usage des enfants. 1 vol. avec 57 gravures d'après Delafosse.

Taulier : *Les deux petits Robinsons de la Grande-Chartreuse*. 1 vol. avec 69 gravures d'après E. Bayard et Hubert Clerget.

Tournier : *Les premiers chants*, poésies à l'usage de la jeunesse. 1 vol. avec 20 gravures d'après Gustave Roux.

Vimont (Ch.) : *Histoire d'un navire*. 1 vol. avec 40 gravures d'après Alex. Vimont.

Witt (Mme de), née Guizot : *Enfants et parents*. 1 vol. avec 34 gravures d'après A. de Neuville.

— *La petite-fille aux grand'mères*. 1 vol. avec 36 grav. d'après Beau.

— *En quarantaine*. 1 vol. avec 48 gravures d'après Ferdinandus.

IIIe SÉRIE, POUR LES ENFANTS ADOLESCENTS

ET POUVANT FORMER UNE BIBLIOTHÈQUE POUR LES JEUNES FILLES DE 14 A 18 ANS

VOYAGES

Agassiz (M. et Mme) : *Voyage au Brésil*, traduit et abrégé par J. Belin de Launay. 1 vol. avec 16 gravures et 1 carte.

Aunet (Mme d') : *Voyage d'une femme au Spitzberg*. 1 vol. avec 34 gravures.

Baines : *Voyages dans le sud-ouest de l'Afrique*, traduit et abrégé par J. Belin de Launay. 1 vol. avec 21 gravures et 1 carte.

Baker: *Le lac Albert N'yanza. Nouveau voyage aux sources du Nil*, abrégé par Belin de Launay. 1 vol. avec 16 gravures et 1 carte.

Baldwin: *Du Natal au Zambèze (1861-1865). Récits de chasses*, abrégés par J. Belin de Launay. 1 vol. avec 24 gravures et 1 carte.

Burton (le capitaine): *Voyages à la Mecque, aux grands lacs d'Afrique et chez les Mormons*, abrégé par J. Belin de Launay. 1 vol. avec 12 gravures et 3 cartes.

Catlin: *La vie chez les Indiens*, traduit de l'anglais. 1 vol. avec 25 gravures.

Fonvielle (W. de): *Le glaçon du Polaris, aventures du capitaine Tyson.* 1 vol. avec 19 gravures et 1 carte.

Hayes (D^r): *La mer libre du pôle*, traduit par F. de Lanoye, et abrégé par J. Belin de Launay. 1 vol. avec 14 gravures et 1 carte.

Hervé et de Lanoye: *Voyages dans les glaces du pôle arctique.* 1 vol. avec 40 gravures.

Lanoye (F. de): *Le Nil et ses sources.* 1 vol. avec 32 gravures et des cartes.

— *La Sibérie.* 1 vol. avec 48 gravures d'après Lebreton, etc.

— *Les grandes scènes de la nature.* 1 vol. avec 40 gravures.

— *La mer polaire*, voyage de l'*Érèbe* et de la *Terreur*, et expédition à la recherche de Franklin. 1 vol. avec 29 gravures et des cartes.

— *Ramsès le Grand, ou l'Égypte il y a trois mille trois cents ans.* 1 vol. avec 39 gravures d'après Lancelot, E. Bayard, etc.

Livingstone: *Explorations dans l'Afrique australe*, abrégé par J. Belin de Launay. 1 vol. avec 20 gravures et 1 carte.

Livingstone (suite): *Dernier journal*, abrégé par J. Belin de Launay. 1 vol. avec 16 grav. et 1 carte.

Mage (L.): *Voyage dans le Soudan occidental*, abrégé par J. Belin de Launay. 1 vol. avec 16 gravures et 1 carte.

Milton et Cheadle: *Voyage de l'Atlantique au Pacifique*, traduit et abrégé par J. Belin de Launay. 1 vol. avec 16 gravures et 2 cartes.

Mouhot (Ch.): *Voyage dans le royaume de Siam, le Cambodge et le Laos.* 1 vol. avec 28 gravures et 1 carte.

Palgrave (W. G.): *Une année dans l'Arabie centrale*, traduit et abrégé par J. Belin de Launay. 1 vol. avec 12 gravures, 1 portrait et 1 carte.

Pfeiffer (Mme): *Voyages autour du monde*, abrégé par J. Belin de Launay. 1 vol. avec 16 gravures et 1 carte.

Piotrowski: *Souvenirs d'un Sibérien.* 1 vol. avec 10 gravures d'après A. Marie.

Schweinfurth (D^r): *Au cœur de l'Afrique (1868-1871).* Traduit par Mme H. Loreau, et abrégé par J. Belin de Launay. 1 vol. avec 16 gravures et 1 carte.

Speke: *Les sources du Nil*, édition abrégée par J. Belin de Launay. 1 vol. avec 24 gravures et 3 cartes.

Stanley: *Comment j'ai retrouvé Livingstone*, traduit par Mme Loreau, et abrégé par J. Belin de Launay. 1 vol. avec 16 gravures et 1 carte.

Vambéry: *Voyages d'un faux derviche dans l'Asie centrale*, traduit par E. D. Forgues, et abrégé par J. Belin de Launay. 1 vol. avec 18 gravures et une carte.

HISTOIRE

Le loyal serviteur : *Histoire du gentil seigneur de Bayard*, revue et abrégée, à l'usage de la jeunesse, par Alph. Feillet. 1 vol. avec 36 gravures d'après P. Sellier.

Monnier (M.) : *Pompéi et les Pompéiens.* Édition à l'usage de la jeunesse. 1 vol. avec 25 gravures d'après Thérond.

Plutarque : *Vie des Grecs illustres*, édition abrégée par A. Feillet. 1 vol. avec 53 gravures d'après P. Sellier.

— *Vie des Romains illustres*, édition abrégée par A. Feillet. 1 vol. avec 69 gravures d'après P. Sellier.

Retz (Le cardinal de) : *Mémoires* abrégés par A. Feillet. 1 vol. avec 35 gravures d'après Gilbert, etc.

LITTÉRATURE

Bernardin de Saint-Pierre : *Œuvres choisies.* 1 vol. avec 12 gravures d'après E. Bayard.

Cervantès : *Don Quichotte de la Manche.* 1 vol. avec 64 gravures d'après Bertall et Forest.

Homère : *L'Iliade et l'Odyssée*, traduites par P. Giguet et abrégées par Alph. Feillet. 1 vol. avec 33 gravures d'après Olivier.

Le Sage : *Aventures de Gil Blas*, édition destinée à l'adolescence. 1 vol. avec 50 gravures d'après Leroux.

Mac-Intosch (Miss) : *Contes américains*, traduit par Mme Dionis. 2 vol. avec 50 gravures d'après E. Bayard.

Maistre (X. de) : *Œuvres choisies.* 1 vol. avec 15 gravures d'après E. Bayard.

Molière : *Œuvres choisies*, abrégées, à l'usage de la jeunesse. 2 vol. avec 22 gravures d'après Hillemacher.

Virgile : *Œuvres choisies*, traduites et abrégées à l'usage de la jeunesse, par Th. Barrau. 1 vol. avec 20 gravures d'après P. Sellier.

PETITE BIBLIOTHÈQUE DE LA FAMILLE

FORMAT PETIT IN-12
A 2 FRANCS LE VOLUME

LA RELIURE EN PERCALINE GRIS PERLE, TRANCHES ROUGES,
SE PAYE EN SUS, 50 C.

Fleuriot (Mme Z.) : *Tombée du nid.* 1 vol.

— *Raoul Daubry, chef de famille;* 2e édit. 1 vol.

— *L'héritier de Kerguignon;* 3e édit. 1 vol.

— *Réséda;* 9e édit. 1 vol.

— *Ces bons Rosaëc!* 1 vol.

— *La vie en famille;* 8e édit. 1 vol.

— *Le cœur et la tête.* 1 vol.

— *Au Galadoc.* 1 vol.

— *De trop.* 1 vol.

— *Le théâtre chez soi, comédies et proverbes.* 1 vol.

— *Sans beauté.* 1 vol.

— *Loyauté.* 1 vol.

— *La clef d'or.* 1 vol.

Fleuriot Kérinou : *De fil en aiguille.* 1 vol.

Girardin (J.) : *Le locataire des demoiselles Rocher.* 1 vol.

Girardin (J.) (suite) : *Les épreuves d'Étienne.* 1 vol.

— *Les théories du docteur Wurtz.* 1 vol.

— *Miss Sans-Cœur;* 2e édit. 1 vol.

— *Les braves gens.* 1 vol.

Giron (AIMÉ) : *Braconnette.* 1 vol.

Marcel (Mme J.) : *Le Clos-Chantereine.* 1 vol.

Wiele (Mme Van de) : *Filleul du roi !* 1 vol.

Witt (Mme de), née Guizot : *Tout simplement;* 2e édition. 1 vol.

— *Reine et maîtresse.* 1 vol.

— *Un héritage.* 1 vol.

— *Ceux qui nous aiment et ceux que nous aimons.* 1 vol.

— *Sous tous les cieux.* 1 vol.

— *A travers pays.*

— *Vieux contes de la veillée.* 1 vol.

D'autres volumes sont en préparation.

www.ingramcontent.com/pod-product-compliance
Lightning Source LLC
Chambersburg PA
CBHW072008150426
43194CB00008B/1041